100 Rezepte

Gerichte für die schlanke Linie

100 Rezepte

Gerichte für die schlanke Linie

von

Diane Leah

Unipart-Verlag · Stuttgart

Inhalt

BITTE BEACHTEN SIE:
Alle EL- und TL-Angaben sind Durchschnittswerte.
1 EL entspricht etwa 15 ml
1 TL entspricht etwa 5 ml
Es ist stets ein gestrichener EL oder TL gemeint. Bei fehlenden Mengenangaben für Salz und Pfeffer verwenden Sie die Gewürze nach eigenem Geschmack.
Dosenware wird nur abgetropft verwendet, wenn dies im Rezept vermerkt ist.
Backrohr und Grill sollten stets vorgeheizt sein, bevor Sie die Speisen hineinschieben. Falls nicht anders angegeben, stellen Sie das Kochgut auf die Mittelschiene des Backrohrs.

Aus dem Englischen von Luzia Czernich

Satz: LibroSatz, Kriftel bei Frankfurt
Printed in Germany

ISBN 3 8122 0203 4

Titelfoto:
Grapefruit mit Minze (S. 12)
Gurken-Fenchel-Salat (S. 40)
Scampi Provençale (S. 16)

Einführung

Erfolgreiches Abnehmen und das Halten des Idealgewichts sollen das körperliche Wohlbefinden nicht beeinträchtigen. Eine Diät wird oft nur als eine vorübergehende Periode angesehen, an deren Ende der Verlust mehrerer Kilogramm Gewicht steht. Radikale Diäten haben meist zwar kurzfristig Erfolg, aber selten auf Dauer, weil sie kaum Einfluß auf die Eßgewohnheiten haben. Ohne eine Änderung der Eßgewohnheiten ist es nur eine Frage der Zeit, bis die abgehungerten Pfunde wieder da sind! Abnehmen sollte ein allmählicher Prozeß sein und der Gewichtsverlust das Ergebnis veränderter Eßgewohnheiten.

Ein erster Schritt, seine Eßgewohnheiten zu verändern, ist die Verringerung des Fettgehalts der Speisen. Abgesehen davon, daß ein hoher Fettgehalt im Essen Gesundheitsrisiken mit sich bringt, hat fettarme Kost sozusagen automatisch weniger Kalorien. Ersetzen Sie beispielsweise Vollmilch durch Magermilch, Vollmilch-Joghurt durch Magermilch-Joghurt und Vollfettkäse durch kalorienarme Produkte.

Vermeiden Sie Gebackenes wie Torten, Kuchen und Kekse. Sie enthalten einen hohen Anteil von „versteckten" Fetten und viel Zucker. Statt Fleisch in Fett zu braten, sollte man es lieber grillen, pochieren oder dämpfen. Ein pochiertes Ei hat zum Beispiel nur 80 Kalorien, ein in Fett gebratenes Ei 135 Kalorien.

Reduzieren Sie den Zuckergehalt der Nahrung. Zucker hat keinen Nährwert und liefert nur durch seinen hohen Kaloriengehalt viel Energie. Süßen Sie Tee und Kaffee deshalb lieber mit Süßstoff. Vermeiden Sie Limonaden, die in der Regel oft nur aus Zukker, Wasser und Farbstoff bestehen. Trinken Sie statt dessen ungesüßte Fruchtsäfte mit Mineralwasser verdünnt.

Frisches Obst und Gemüse sind ein unverzichtbarer Bestandteil einer gesunden Ernährung. Ihr Nährwert ist hoch und ihr Kaloriengehalt niedrig. Bedenken Sie, daß die Zubereitungsart Einfluß auf den Kaloriengehalt hat. Dünsten Sie das Gemüse in wenig Fett und nehmen Sie statt Butter lieber Diät-Margarine.

Nahrungsmittel mit einem hohen Anteil von Ballaststoffen sind gut zum Abnehmen. An sich haben sie nicht wenige Kalorien, aber sie sind sehr sättigend und man kann nicht viel davon essen. Zu diesen Nahrungsmitteln gehören Getreideflocken, Hülsenfrüchte und Vollkornbrot. Auch auf Brot und Kartoffeln muß man nicht ganz verzichten, obwohl sie zu den traditionellen „Dickmachern" gezählt werden. Es kommt darauf an, womit man das Brot belegt und wie man die Kartoffeln zubereitet. Dieses Kochbuch bringt gerade hierzu appetitliche Vorschläge für kalorienarme Brotbeläge und Füllungen für gebackene Kartoffeln.

Wenn Sie essen gehen, vermeiden Sie Gerichte, die mit üppigen Saucen und kalorienreichen Teigwaren serviert werden. Wählen Sie einfach zubereitete Gerichte wie gegrillte Fleischsorten mit Gemüse oder Salat mit einer leichten Sauce.

Lassen Sie die Finger von Süßigkeiten. Wenn Sie auf Süßes nicht verzichten wollen oder können, stillen Sie diesen Appetit mit Obst oder ungezuckerten Fruchtsäften, die Sie mit Süßstoff verfeinern. Trokkenobst ist in der Regel angenehm süß, aber nicht gerade kalorienarm.

Wenn Sie Ihre Eßgewohnheiten ändern wollen, beziehen Sie die ganze Familie mit ein. Sie werden alle von einer kalorienarmen und ballaststoffreichen Ernährung profitieren. Lassen Sie Ihre Kinder Ihr Pausenbrot in der Schule nicht selbst kaufen, sondern geben Sie Ihnen eine ausgewogene und kalorienarme Zwischenmahlzeit mit. Zwingen Sie sie nicht, Obst und Gemüse zu essen, wenn sie nicht wollen. Vielleicht kommen sie von selbst auf den Geschmack. Süßigkeiten sind schlechte Belohnungen – überlegen Sie sich lieber etwas Geeigneteres.

Wenn Sie die ersten Resultate der kalorienbewußten Ernährung am eigenen Leib verspüren, wenn Sie sich wohler fühlen und die Kleidung um die Taille herum nicht mehr spannt, dann bleiben Sie bei den neuen veränderten Eßgewohnheiten. Zählen Sie die Kalorien, bevor Sie etwas zu sich nehmen. Dieses Zählen wird Ihnen in diesem Kochbuch abgenommen – alle Rezepte beinhalten exakte Kalorienangaben für eine oder mehrere Personen. Es wlrd auch Ihnen Spaß machen, kalorienbewußt zu kochen und etwas für Ihre Gesundheit zu tun.

Suppen und Vorspeisen

Tomatensuppe mit Basilikum

50 g Diät-Margarine
1 große, milde Gemüsezwiebel, gehackt
675 g Tomaten
600 ml heiße Hühnerbrühe
Salz
frisch gemahlener schwarzer Pfeffer
1 Prise Zucker
3 EL frische, gehackte Basilikumblätter

Die Margarine in einem Topf erhitzen und darin die Zwiebel weichdünsten. Tomaten schälen, feinhacken und dazugeben. Einige Minuten rühren, dann die Brühe hineingießen. Aufkochen, die Hitze reduzieren, mit Salz, Pfeffer und Zucker abschmecken und 20 Minuten köcheln lassen. Die Suppe in einem Mixer pürieren, erneut abschmecken und gut kühlen. 10 Minuten vor dem Servieren das Basilikum unterrühren.
Für 4 Personen
Insgesamt 395 Kalorien
98 Kalorien pro Portion

Gelierte Gurken- und Minze-Suppe

1 Schalotte, geschält
1 Salatgurke
900 ml Hühnerbrühe
Salz
frisch gemahlener schwarzer Pfeffer
2 EL Zitronensaft
1 EL Gelatinepulver
3 EL gehackte Minzeblätter
Zitronenscheiben zum Garnieren

Die Schalotte feinhacken. Die Gurke schälen und grob raspeln oder in sehr dünne Scheiben schneiden. Den Saft ausdrücken. Die Brühe erhitzen und darin die Schalotte 4 Minuten kochen. Die Gurke dazugeben und mit Salz und Pfeffer abschmecken. Den Zitronensaft einrühren.

Die Gelatine in ein wenig Brühe anrühren und an die Suppe geben. Gut kühlen. Wenn die Suppe festzuwerden beginnt, die Minze unterrühren. Gut kühlen.

Zum Servieren die Suppe in Schalen füllen und mit Zitronenscheiben garnieren.
Für 4 Personen
Insgesamt 160 Kalorien
40 Kalorien pro Portion

Tomatensuppe mit Basilikum
Gelierte Gurken- und Minze-Suppe

Champignon-Curry-Salat

225 g Champignons, geputzt und in Scheiben geschnitten
100 g gekochter Schinken, gehackt
100 g Salatgurke, gewürfelt
150 ml Magermilch-Joghurt
1 EL fertige Currysauce oder 1 TL Currypulver
2 TL Zitronensaft
frisch gemahlener schwarzer Pfeffer
2 EL Mango Chutney
Salatblätter zum Garnieren

Pilze, Schinken und Gurke in einer Salatschüssel vermischen. Joghurt, Curry, Zitronensaft, Salz und Pfeffer in einer anderen Schüssel anrühren. Mangostücke in dem Chutney feinhacken und alles in die Joghurtmischung geben. Über die Pilze gießen und gut umrühren. 1 bis 2 Stunden im Kühlschrank kühlen. Mit Salatblättern garniert servieren.
Für 4 Personen
Insgesamt 410 Kalorien
102 Kalorien pro Portion

Heiße Grapefruit

1 Grapefruit
25 g Müsli (Fertigmischung)
½ TL Pimentpulver

Die Grapefruit halbieren, das Fruchtfleisch herausholen, feinhacken und samt dem Saft in eine Schüssel geben. Das Müsli bis auf 2 TL unterheben und würzen. Diese Mischung in die Grapefruithälften füllen und mit dem restlichen Müsli bestreuen. Im vorgeheizten Rohr (200°, Gas Stufe 6) 15 Minuten durchwärmen. Heiß servieren.
Für 2 Personen
Insgesamt 120 Kalorien
60 Kalorien pro Portion

Artischocken-Cocktail

2 gekochte Artischocken, beschnitten und geputzt
150 ml Magermilchjoghurt
1 EL frisch gehackter Schnittlauch
1 EL frisch gehackte Petersilie
1 TL gehackte Kapern
1 Prise Cayennepfeffer
1 Prise Knoblauchsalz
½ TL getrockneter Estragon
25 g gekochte und geschälte Krabben
frisch gemahlener Pfeffer
Zum Garnieren:
einige Krabben
Zitronenscheiben

Die Artischocken kühlen und das „Gras“ entfernen. Den Joghurt mit den übrigen Zutaten verrühren und in die beiden Artischocken geben. Bis 1 Stunde vor dem Servieren kühlen. Mit den Krabben und Zitronenschnitzen garnieren.
Für 2 Personen
Insgesamt 140 Kalorien
70 Kalorien pro Portion

Krabben-Ananas-Cocktail

1 kleine frische Ananas, geschält und gewürfelt
225 g blaue Trauben
450 g gekochte und geschälte Krabben
4 EL kalorienarme Mayonnaise
2 EL Magermilchjoghurt
Salz
frisch gemahlener schwarzer Pfeffer
Salat zum Servieren

Ananas, Trauben, Krabben, Mayonnaise und Joghurt miteinander vermischen und mit Salz und Pfeffer abschmecken. Auf einem Salatbett anrichten.
Für 4 bis 6 Personen
Insgesamt 895 Kalorien
224 bis 149 Kalorien pro Portion

Sardinen-Dill-Pâté

425 g eingelegte Sardinen, naturell
50 g Diät-Margarine
50 g Frischkäse (Magerstufe)
25 g Semmelbrösel (frisch)
1 TL frisch gehackter Dill
½ TL Tabasco Sauce oder 1 Prise Cayennepfeffer
Salz
frisch gemahlener schwarzer Pfeffer
1 EL Zitronensaft

Die Sardinen abtropfen lassen und mit den übrigen Zutaten in einem Mixer pürieren. Abschmecken und nach Wunsch würzen. In kleine Portionsschüsseln füllen und vor dem Servieren gut kühlen.
Für 6 Personen
Insgesamt 975 Kalorien
163 Kalorien pro Portion

Pilz-Vorspeise

150 ml Magermilch-Joghurt
1 EL Tomatenmark
1 EL fein gehackter Schnittlauch oder Frühlingszwiebeln
Salz
frisch gemahlener schwarzer Pfeffer
225 g Champignons, geputzt
Zum Servieren:
Endivien- oder Kopfsalatblätter
Knäckebrot

Alle Zutaten miteinander vermischen und mit Salz und Pfeffer abschmecken. Auf einem Salatbett anrichten und Knäckebrot dazulegen.
Für 2 Personen
Insgesamt 120 Kalorien
60 Kalorien pro Portion

Hühnerleber-Pâté

15 g Butter
1 Zwiebel, gehackt
225 g Hühnerlebern
½ TL französische Trockenkräuter
½ TL Dijon-Senf
2 EL Rotwein oder Sherry
225 g Hüttenkäse
Vollkorntoast oder -brot

Die Butter in einer Pfanne erhitzen und darin die Zwiebel und Lebern anschmoren, bis die Lebern Farbe annehmen. Gewürze, Senf und Wein dazugeben und weitere 5 Minuten köcheln lassen. Vom Feuer nehmen und abkühlen lassen.

Diese Masse zusammen mit dem Hüttenkäse in einem Mixer pürieren. In eine Pastetenform geben und bis zum Verzehr kühlen. Mit Toast oder Brot, aber ohne Butter servieren.
Für 4 Personen
Insgesamt 675 Kalorien (ohne Brot)
169 Kalorien pro Portion (ohne Brot)

Tomaten-Orange-Sellerie-Suppe

600 ml Hühnerbrühe
3 Stangen Sellerie, fein gehackt
400 ml Tomatensaft
2 Tomaten, geschält, entkernt und gehackt
1 EL Worcestershire Sauce
abgeriebene Schale und Saft einer Orange
1 TL getrocknetes Basilikum

Brühe und Sellerie in einen Topf geben. Aufkochen, zudecken und 10 Minuten köcheln lassen. Die anderen Zutaten dazugeben und weitere 5 Minuten köcheln lassen, bis Tomaten und Sellerie weich sind. Heiß servieren.
Für 4 Personen
Insgesamt 190 Kalorien
47 Kalorien pro Portion

Melonen-Minze-Sorbet

600 ml Wasser, 100 g Zucker,
1 EL Zitronensaft
2 Zweige Minze, fein gehackt, 1 Honigmelone
1 TL Pfefferminz-Aroma-Essenz, 2 Eiweiß

Wasser, Zucker und Zitronensaft in einen schweren Topf geben. Vorsichtig erhitzen, bis der Zucker sich aufgelöst hat. Dann stark erhitzen bis zur Fadenprobe: Daumen und Zeigefinger in kaltes Wasser tauchen, dann ganz kurz in den Zuckersirup. Daumen und Zeigefinger zusammenpressen und wieder auseinander halten. Jetzt zieht sich ein Faden. Den Sirup vom Feuer nehmen und die Minze einrühren. Kühlen.

Die Melone entkernen und das Fruchtfleisch auslösen. Pürieren oder durch ein Sieb streichen. Den Fruchtbrei und die Pfefferminz-Essenz in den Sirup rühren. Diese Mischung in ein kältebeständiges Gefäß geben und 1½ Stunden tiefkühlen. Ab und zu umrühren, damit die Masse cremig bleibt.

Die Eiweiß steifschlagen und unterziehen. Erneut tiefkühlen, dabei zweimal im Abstand von einer Stunde umrühren. Gut verschließen und einfrieren.

Für 4 bis 6 Personen
Insgesamt 565 Kalorien
141 bis 94 Kalorien pro Portion

Tomaten-Sorbet

100 g Zucker, 300 ml Wasser
300 ml Tomatensaft
Saft einer halben Zitrone
1 TL Worcestershire Sauce
6 Tropfen Tabasco Sauce
1 TL Sojasauce, Salz
frisch gemahlener schwarzer Pfeffer
Zum Servieren:
6 große, reife Tomaten, frische Petersilie

Zucker und Wasser in einen schweren Topf geben und vorsichtig erhitzen, bis der Zucker sich aufgelöst hat. Dann stark erhitzen bis zur Fadenprobe. Vom Feuer nehmen und abkühlen lassen.

Tomaten- und Zitronensaft, Worcestershire Sauce, Tabasco- und Sojasauce einrühren. Mit Salz und Pfeffer abschmecken. Diese Mischung in ein kältebeständiges Gefäß geben und 1½ Stunden tiefkühlen. Ab und zu umrühren, damit die Masse cremig bleibt.

Die Eiweiß steifschlagen und unterziehen. Gut verschließen und einfrieren. Vor dem Servieren 45 Minuten bei Zimmertemperatur antauen lassen. Die Tomaten im Zickzackschnitt halbieren und entkernen. Mit dem Sorbet füllen und mit Petersilie garnieren.

Ergibt 12 Portionen
Insgesamt 595 Kalorien, 50 Kalorien pro Portion

Gurken-Sorbet

1 TL Gelatinepulver, 300 ml Wasser
50 g Zucker, Saft einer halben Zitrone
2 mürbe Dessertäpfel, geschält, entkernt und gewürfelt
1 große Salatgurke, geschält und gewürfelt
½ TL getrockneter Dill, Salz
frisch gemahlener schwarzer Pfeffer, 2 Eiweiß
Zum Servieren:
6 gekochte, ungeschälte Garnelen
frische Dillzweige

Die Gelatine mit 2 EL Wasser in einer Schüssel weichen lassen. Zucker und das restliche Wasser in einen schweren Topf geben und langsam erhitzen, bis der Zucker sich aufgelöst hat. Auf große Hitze stellen und 3 Minuten kräftig aufkochen. Langsam abkühlen lassen. Den Sirup über die aufgelöste Gelatine geben und gut verrühren, bis sich alles vermischt hat. Den Zitronensaft unterrühren und kühlen.

Gurken- und Apfelwürfel pürieren und unter den Sirup mischen. Dill untermischen und mit Salz und Pfeffer abschmecken. Diese Mischung in ein kältebeständiges Gefäß geben und 1½ Stunden tiefkühlen. Ab und zu umrühren, damit die Masse cremig bleibt.

Die Eiweiß steifschlagen und unterziehen. Gut verschließen und einfrieren.

Mit Garnelen und Dillzweigen garniert servieren.

Für 6 Personen
Insgesamt 440 Kalorien, 73 Kalorien pro Portion

Gurken-Sorbet
Melonen-Minze-Sorbet
Tomaten-Sorbet

Grapefruit mit Minze

2 große Grapefruit
2 Orangen
1 EL Zitronensaft
240 ml kalorienarme Limonade
2 EL fein gehackte Minzeblätter
4 Minzezweige zum Garnieren

Die Grapefruit im Zickzackschnitt halbieren und das Fruchtfleisch auslösen. Dabei die weiße Haut um die Schnitze ausschneiden. Die Orangen schälen, halbieren und das Fruchtfleisch auslösen. Mit dem Fruchtfleisch der Grapefruit grob hacken und in die Grapefruithälften verteilen.

Zitronensaft, Limonade und Minze vermischen, in einen Eisbehälter geben und tiefkühlen, bis die Masse halbfest ist. Über das Fruchtfleisch verteilen und mit einem Minzezweig garnieren.
Für 4 Personen
Insgesamt 220 Kalorien
55 Kalorien pro Portion

Zucchini mit Champignons und Räucherlachs

225 g junge Zucchini, in dünne Scheiben geschnitten
100 g Champignons, geputzt und in Scheiben geschnitten
100 g Räucherlachs, in Streifen geschnitten
2 EL Zitronensaft
1 Knoblauchzehe, zerdrückt (nach Wunsch)
Selleriesalz
frisch gemahlener schwarzer Pfeffer
Zitronenschnitze zum Garnieren

Zucchini, Pilze und Lachs vermischen. Die anderen Zutaten außer den Zitronenschnitzen ebenfalls vermischen. Kurz vor dem Servieren über die Zuccinimischung geben und alles mehrmals wenden. Mit Zitronenschnitzen garnieren.
Für 2 Personen
Insgesamt 210 Kalorien
105 Kalorien pro Portion

Sardinen-Imbiß

50 g Salatgurke, fein gehackt
½ TL Salz
2 Scheiben Pumpernickel
Diät-Margarine
Salatblätter
120 g Ölsardinen
1 EL fein gehackte Zwiebel
2 EL Magermilchjoghurt
Worcestershire Sauce
Zum Garnieren:
etwas Paprikapulver
dünne Zitronenscheiben

Die Gurke in ein Sieb geben, mit Salz bestreuen und 30 Minuten abtropfen lassen. Die Brotscheiben dünn mit Margarine bestreichen und die Salatblätter darauflegen. Die Ölsardinen gut abtropfen lassen und zusätzlich mit Küchenkrepp abtupfen. Den Fisch auf dem Salat arrangieren. Die Gurken ausdrücken und mit Zwiebel, Joghurt und Worcestershire Sauce vermischen. Auf die Sardinen geben und mit Paprikapulver und Zitronenscheiben garnieren.
Für 2 Personen
Insgesamt 435 Kalorien
217 Kalorien pro Portion

Gekühlte Karottensuppe

2 EL Pflanzenöl
1 große Zwiebel, gehackt
1½ TL Currypulver
900 ml Hühnerbrühe
450 g Karotten, in Scheiben geschnitten
2 Stangen Sellerie, in Scheiben geschnitten
1 Lorbeerblatt
½ TL gemahlener Kreuzkümmel
½ TL Tabasco Sauce
250 ml Magermilch
225 g Hüttenkäse

Das Öl in einer Kasserolle erhitzen und darin Zwiebel und Currypulver 3 bis 5 Minuten bei Mittelhitze dünsten. Brühe, Karotten, Sellerie, Lorbeerblatt, Kreuzkümmel und Tabasco Sauce dazugeben. Kurz aufkochen und dann köcheln lassen, bis die Gemüse weich sind. Lorbeerblatt entfernen und die Suppe abkühlen lassen. In einem Mixer etwa 1 Minute pürieren, bis alles Gemüse völlig zerkleinert ist. In eine Schüssel geben und kühlen.

Milch und Hüttenkäse in einem Mixer pürieren. Unter die Suppe rühren und erneut gut kühlen.

Für 6 Personen
Insgesamt 720 Kalorien
120 Kalorien pro Portion

Bückling-Mousse

15 g Diät-Margarine
1 kleine Zwiebel, gehackt
175 g Bücklingsfilet, ohne Haut, zerpflückt
225 g Hüttenkäse, abgetropft
150 ml Wasser
15 g Gelatinepulver
Salz
frisch gemahlener schwarzer Pfeffer
Zum Garnieren:
Gurkenscheiben
Brunnenkresse

Die Margarine in einer Kasserolle erhitzen und darin die Zwiebel weichdünsten. Zwiebel, Fisch und Hüttenkäse vermischen. Das Wasser in eine feuerfeste Schüssel geben und die Gelatine darüberstreuen. Gut verrühren und die Schüssel über ein heißes Wasserbad stellen, bis sich die Gelatine aufgelöst hat. Zusammen mit der Fischmischung in einem Mixer kurz vermengen. Mit Salz und Pfeffer abschmecken und in eine Pastetenform geben. Wenn die Mousse fest geworden ist, stürzen und mit Gurkenscheiben und Brunnenkresse garnieren.

Für 4 Personen
Insgesamt 685 Kalorien
171 Kalorien pro Portion

Fischgerichte

Geräucherter Makrelen-Salat

½ Salatgurke
Salz
4 bis 6 EL Mungbohnensprossen
5 EL kalorienarme Salatsauce
4 feste Tomaten, gehäutet, entkernt und gewürfelt
4 kleine geräucherte Makrelenfilets

Die Gurke in 5 mm große Würfel schneiden, mit 1 TL Salz vermischen und in einem Sieb abtropfen lassen.

Die Bohnensprossen in kaltem Wasser waschen, trockentupfen und kühlstellen. Die Gurke unter kaltem Wasser abspülen, trockentupfen und mit Tomaten, Bohnensprossen und der Salatsauce leicht vermischen.

Die Filets auf zwei kleinen Servierplatten arrangieren und mit dem Salat füllen.

Für 4 Personen
Insgesamt 640 Kalorien
160 Kalorien pro Portion

Fisch und Pasta „Creole"

25 g Butter
1 Knoblauchzehe, zerdrückt (nach Wunsch)
2 bis 3 Stangen Sellerie, gehackt
400 g Tomaten aus der Dose
300 ml Fisch- oder Hühnerbrühe
100 g kurze Makkaroni
1 Lorbeerblatt
175 g Mais aus der Dose
750 g weißes Fischfilet, gehäutet und gewürfelt
Salz
frisch gemahlener schwarzer Pfeffer
1 EL gehackte Petersilie zum Garnieren

Die Butter in einem schweren Topf erhitzen und darin Knoblauch und Sellerie andünsten. Tomaten, Brühe, Nudeln und Lorbeerblatt dazugeben. 5 bis 6 Minuten köcheln lassen. Mais und Fisch hinzufügen. Abschmecken und weitere 5 bis 6 Minuten köcheln lassen, bis Fisch und Nudeln weich sind. Das Lorbeerblatt entfernen und heiß servieren. Mit Petersilie bestreuen.

Für 4 Personen
Insgesamt 1360 Kalorien
340 Kalorien pro Portion

Geräucherter Makrelen-Salat

„Schlanke“ Schellfisch-Cidre-Kasserolle

1 kleine Zwiebel, fein gehackt
100 g Champignons, in Scheiben geschnitten
425 g Dosentomaten, abgetropft
1 EL gehackte Petersilie
1 TL getrocknetes Basilikum
15 g Mehl
750 g Schellfischfilet, gehäutet
Salz
120 ml Cidre (Apfelwein)
frisch gemahlener schwarzer Pfeffer
Belag:
75 g frische Vollkornbrotbrösel
100 g Edamer, gerieben

Zwiebel, Pilze und Tomaten in eine feuerfeste Form geben und mit Kräutern und Mehl bestreuen. Den Fisch in 4 Portionen teilen, salzen und pfeffern und aufrollen. Auf die Gemüsemischung legen und mit dem Cidre begießen. Die Zutaten für den Belag vermischen und darüberstreuen. Im vorgeheizten Rohr (180°, Gas Stufe 4) 35 Minuten backen.
Für 4 Personen
Insgesamt 1210 Kalorien
302 Kalorien pro Portion

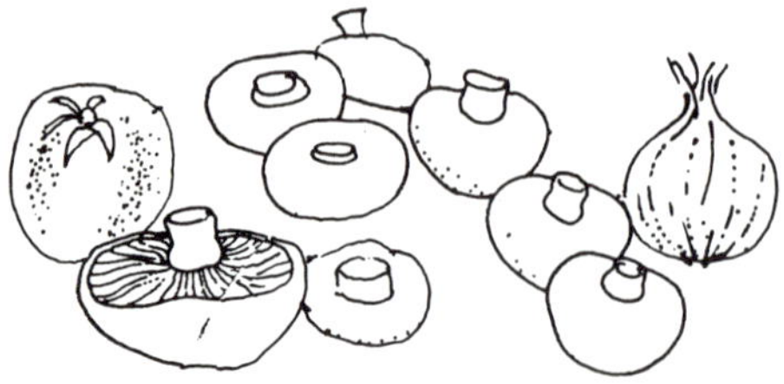

Sardinen-Kasserolle

175 g Kartoffeln, geschält und in dünne Scheiben geschnitten
225 g Äpfel, geschält und in dünne Scheiben geschnitten
425 g eingelegte Sardinen, naturell
2 TL geriebene Zitronenschale
300 ml Cidre
4 Tomaten, in Scheiben geschnitten

Die Kartoffeln in Salzwasser knapp 3 Minuten kochen. Sie sollten noch fest sein. Abtropfen lassen. Äpfel und Sardinen in einem Topf mit der Sardinenlake 10 Minuten köcheln lassen. In eine Kasserolle geben, mit der Zitronenschale bestreuen und den Kartoffelscheiben bedecken. Mit dem Cidre übergießen und den Tomatenscheiben belegen. Zugedeckt im vorgeheizten Rohr (180°, Gas Stufe 4) 45 Minuten garen.
Für 4 Personen
Insgesamt 740 Kalorien
185 Kalorien pro Portion

Scampi Provençale

1 EL Öl
1 kleine Zwiebel, fein gehackt
1 Knoblauchzehe, fein gehackt
3 Tomaten, enthäutet und fein gehackt
450 g Scampi
gehackte Petersilie
ein wenig Weißwein
Salz
frisch gemahlener schwarzer Pfeffer
Zitronenscheiben (nach Wunsch)
Petersilienzweige (nach Wunsch)

Das Öl erhitzen und darin Zwiebel und Knoblauch andünsten. Tomaten, Scampi, Petersilie und Weißwein dazugeben. 4 bis 5 Minuten durchköcheln. Abschmecken und heiß mit Zitronenscheiben und Petersilienzweigen garniert servieren.
Für 4 Personen
Insgesamt 680 Kalorien
170 Kalorien pro Portion

Würzige Fisch-Kebabs

4 Makrelen oder Heringe, ausgenommen und von Rückgrat und Gräten befreit
3 kleine Zwiebeln, geviertelt
4 Tomaten, halbiert
300 g gekochter Reis als Beilage
Sauce:
300 ml Fisch- oder Hühnerbrühe
150 ml Tomatenketchup
2 EL Worcestershire Sauce
2 EL Weinessig
1 EL brauner Zucker oder einige Tropfen flüssiger Süßstoff
2 Tropfen Tabasco Sauce (nach Wunsch)
2 EL Tomatenmark
Salz
frisch gemahlener schwarzer Pfeffer
1 EL Speisestärke

Jeden Fisch in 4 Teile schneiden. In einer Schüssel alle Saucenzutaten außer der Speisestärke vermischen. Den Fisch dazugeben und etwa 1 Stunde marinieren lassen.

Den Fisch abtropfen lassen und die Marinade aufheben. Die Fischstücke abwechselnd mit Zwiebeln und Tomaten auf Spieße stecken. Unter mehrmaligem Wenden 10 Minuten grillen, den austretenden Saft auffangen. Unterdessen die Speisestärke mit ein wenig Wasser anrühren und an die Marinade geben. Den ausgetretenen Saft dazumischen und unter Rühren aufkochen. Die Kebabs auf Reis servieren und die Sauce dazu reichen.

Für 2 bis 4 Personen
Insgesamt 1715 Kalorien
857 bis 429 Kalorien pro Portion

Thunfisch- und Broccoli-Auflauf

250 g Broccoli, gekocht
25 g Diät-Margarine
200 g Thunfisch aus der Dose, naturell
2 Tomaten, geviertelt
Salz
frisch gemahlener schwarzer Pfeffer
Käsesauce:
25 g Diät-Margarine
25 g Mehl
250 ml Magermilch
Salz
frisch gemahlener schwarzer Pfeffer
1 Msp Senf
100 g Edamer, gerieben

Den Broccoli auf dem Boden einer feuerfesten Form verteilen und die Margarine flockenweise darübergeben. Den zerpflückten Thunfisch und die Tomaten darauflegen und würzen.

Für die Sauce alle Zutaten bis auf den Käse unter Rühren aufkochen, bis die Sauce andickt. ¾ des Käses einrühren und die Sauce über Fisch und Tomaten geben. Der Rand sollte frei bleiben. Mit dem restlichen Käse bestreuen und im vorgeheizten Rohr (200°, Gas Stufe 6) goldbraun überbacken. Heiß servieren.

Für 2 Personen
Insgesamt 1185 Kalorien
592 Kalorien pro Portion

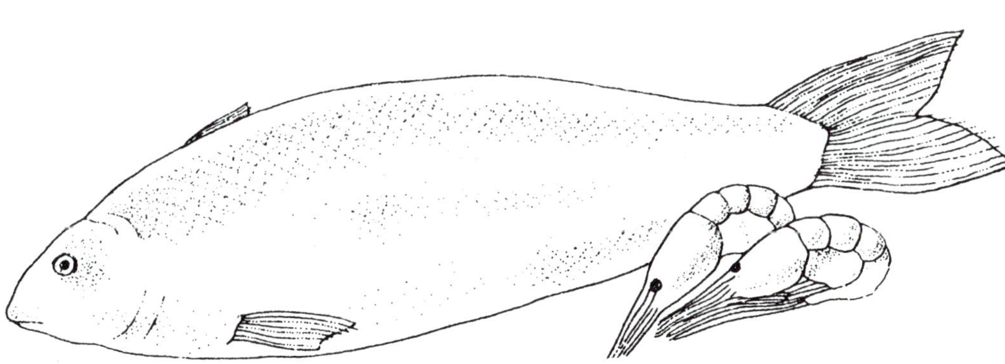

Gefüllte Gurken

2 große Salatgurken, der Länge nach halbiert und entkernt
185 g Krabbenfleisch aus der Dose, abgetropft
2 EL feingehackte Zwiebel
2 kleine Karotten, in dünne Streifen geschnitten
2 EL Estragonessig
½ TL getrockneter Estragon
120 ml Magermilchjoghurt
Cayennepfeffer,
Salz
Zum Garnieren:
Tomatenviertel, Petersilienzweige

Das Fruchtfleisch aus den Gurken schaben, so daß die Schale etwa 3 mm dick ist. Das Fruchtfleisch hacken und in einer Schüssel mit Krabbenfleisch, Zwiebel, Karotten, Essig, Estragon und Joghurt vermischen. Mit Salz und Cayennepfeffer abschmecken.

Diese Mischung in die Gurkenschalen geben. Leicht zudecken und 1 bis 2 Stunden in den Kühlschrank stellen. Zum Servieren mit Tomate und Petersilie garnieren.

Für 4 Personen
Insgesamt 516 Kalorien
129 Kalorien pro Portion

Hering-Joghurt-Salat

4 Heringe, ausgenommen und von Rückgrat und Gräten befreit
1 Zwiebel, in dünne Ringe geschnitten
1 TL getrockneter Estragon
6 Pfefferkörner
Salz
150 ml Fisch- oder Hühnerbrühe
150 ml Weinessig
150 ml Magermilchjoghurt
Zum Garnieren:
1 Dessertapfel, 1 EL Zitronensaft

Die Heringe vom Kopf her aufrollen und mit einem Zahnstocher verschließen. In eine flache, feuerfeste Form legen und mit Zwiebel, Estragon, Pfefferkörnern, Salz, Brühe und Essig bedecken. Zudecken und im vorgeheizten Rohr (160°, Gas Stufe 3) 30 Minuten garen. Abkühlen lassen und im Kühlschrank erkalten lassen.

Vor dem Servieren den Fisch abtropfen lassen und die Marinade aufbewahren. Den Fisch auf eine Servierplatte geben. Die Marinade durchseihen und 2 EL davon mit dem Joghurt verrühren. Die Joghurtsauce über den Fisch geben. Den Apfel schälen, entkernen und in Schnitze schneiden. Die Schnitze in Zitronensaft tauchen und damit den Fisch garnieren.

Für 2 bis 4 Personen
Insgesamt 1085 Kalorien
542 bis 271 Kalorien pro Portion

Garnelen-Ananas-Kebabs

120 ml Sojasauce, 120 ml Sherry
2 TL Sesamsamenöl
1 EL gehackte Ingwerwurzel
1 Knoblauchzehe, zerdrückt
450 g große Garnelen, geschält (etwa 24 Stück)
½ frische Ananas, geschält und in Stücke geschnitten
450 g Rosenkohl, Salz
2 rote Paprikaschoten, geputzt und in 2,5 cm große Stücke geschnitten

Sojasauce, Sherry, Sesamsamenöl, Ingwer und Knoblauch in einer Schüssel verrühren. Garnelen und Ananasstücke darin 3 bis 4 Stunden marinieren. Ab und zu wenden.

Den geputzten Rosenkohl in kochendem Wasser 1 bis 2 Minuten blanchieren. Abtropfen lassen.

Garnelen und Ananas abtropfen lassen und die Marinade aufheben. Garnelen, Ananas, Rosenkohl und Paprika auf Metallspieße stekken. Mit Rosenkohl beginnen und aufhören.

Die Spieße mit der Marinade bestreichen und unter einem vorgeheizten Grill 3 bis 4 Minuten grillen. Wenden und erneut bestreichen. Grillen, bis die Garnelen gar sind.

Für 4 Personen
Insgesamt 864 Kalorien,
216 Kalorien pro Portion

Garnelen-Ananas-Kebabs
Gefüllte Gurken

Scholle mit Pfirsichen

4 x 175 g Schollenfilet, gehäutet
geriebene Schale und Saft einer Zitrone
300 g Pfirsiche aus der Dose
8 Champignons, in Scheiben geschnitten
Salz
frisch gemahlener schwarzer Pfeffer

Den Fisch in eine feuerfeste Form legen. Zitronenschale und -saft, Pfirsichsaft und Pilze darübergeben und mit Salz und Pfeffer abschmecken.

Zugedeckt im vorgeheizten Rohr (180°, Gas Stufe 4) 30 Minuten garen. Die Pfirsichhälften darauflegen und ohne Deckel weitere 10 Minuten garen.
Für 4 Personen
Insgesamt 780 Kalorien
195 Kalorien pro Portion

Gratinierter Schellfisch

100 g Schellfisch, in Milch pochiert und abgetropft
15 g Butter
25 g Champignons, in Scheiben geschnitten
15 g Mehl
7 EL Magermilch
25 g kalorienarmer Hartkäse, gerieben
Salz
frisch gemahlener schwarzer Pfeffer
Belag:
25 g Kleieflocken, zerdrückt
15 g Butter
Zum Garnieren:
Tomatenviertel
1 EL gehackte Petersilie

Den Fisch von Haut und Gräten befreien und das Fleisch zerpflücken. Auf 4 kleine feuerfeste Formen oder Jacobsmuschelschalen verteilen. Die Butter erhitzen und darin die Pilze dünsten. Mit dem Mehl bestäuben und noch 1 Minute schmoren. Vom Feuer nehmen und die Milch unterrühren. Unter ständigem Rühren aufkochen. 1 Minute kochen lassen, dann vom Feuer nehmen und den Käse einrühren. Wenn der Käse geschmolzen ist, die Sauce über den Fisch geben.

Für den Belag die Kleieflocken in einer Schüssel mit der Butter gut vermischen. Über die Sauce geben und alles im vorgeheizten Rohr (220°, Gas Stufe 7) etwa 15 Minuten backen. Mit Tomatenvierteln und Petersilie garnieren.
Für 2 Personen
Insgesamt 585 Kalorien
293 Kalorien pro Portion

Gouda-Krabben-Töpfchen

225 g gekochte und geschälte Krabben, gehackt
75 g gekochter Langkornreis
50 g eingelegte Peperoni (mittelscharf)
1/2 Dessertapfel, gekocht und gehackt
50 g Champignons, gehackt
50 g Gouda, fein gerieben
2 EL kalorienarme Mayonnaise
1 bis 2 Spritzer Tabasco Sauce
Salz
frisch gemahlener schwarzer Pfeffer
Salatblätter zum Servieren
Zum Garnieren:
1 Bund Brunnenkresse
Peperoniringe

Alle Zutaten außer dem Salat in einer Schüssel vermischen und in 4 Pastetenförmchen geben. Festdrücken und in den Kühlschrank stellen, bis die Masse fest geworden ist. Zum Servieren die Masse auf ein Salatbett stürzen. Entweder eine Servierplatte oder 4 kleinere Platten benutzen.
Mit Brunnenkresse und Peperoniringen garnieren.
Für 4 Personen
Insgesamt 685 Kalorien
171 Kalorien pro Portion

Nudeln „Mediterrané“

400 g Tomaten aus der Dose
2 Stangen Sellerie, fein gehackt
225 g Champignons, in Scheiben geschnitten
200 g Thunfisch aus der Dose, naturell, abgetropft und grob zerpflückt
1 Knoblauchzehe, zerdrückt
½ TL französische Trockenkräuter
Salz
frisch gemahlener schwarzer Pfeffer
225 g Bandnudeln

Tomaten und Sellerie in einem Topf aufkochen. Zudecken und 5 Minuten köcheln lassen. Pilze, Thunfisch, Knoblauch, Kräuter, Salz und Pfeffer dazugeben. Weitere 10 Minuten köcheln lassen.

Inzwischen die Nudeln nach der Kochanleitung in Salzwasser kochen. Abtropfen lassen, heiß servieren und dazu die Thunfischsauce reichen.
Für 4 Personen
Insgesamt 1120 Kalorien (bei 225 g Nudeln)
280 Kalorien pro Portion

Gefüllte Forelle

40 g Weizenkleie
120 ml Magermilch
15 g Diät-Margarine
½ Zwiebel, fein gehackt
50 g Champignons, fein gehackt
½ TL geriebene Zitronenschale
½ TL getrockneter Thymian
Salz
frisch gemahlener schwarzer Pfeffer
2 Forellen, ausgenommen und gesäubert

Weizenkleie und Milch in eine Schüssel geben. Stehenlassen, bis alle Milch aufgesogen ist. Die Margarine in einem Topf erhitzen und darin Zwiebel, Pilze, Zitronenschale und Thymian einige Minuten andünsten. Abkühlen lassen und zu der Weizenkleie geben. Alles gut vermischen, salzen und pfeffern und mit dieser Mischung die Forellen füllen.

Jeden Fisch in Alufolie wickeln und im vorgeheizten Rohr (190°, Gas Stufe 5) etwa 30 Minuten garen.
Für 2 Personen
Insgesamt 670 Kalorien
335 Kalorien pro Portion

Kabeljau mit Fruchtsauce

4 Heilbutt-Koteletts
Salz
frisch gemahlener schwarzer Pfeffer
120 ml Magermilch
Sauce:
285 g Logan-Beeren oder Himbeeren aus der Dose, naturell
4 saure Gurken, gewürfelt
2 TL Pfeilwurz

Den Fisch in eine feuerfeste Form geben, salzen und pfeffern. Mit der Milch übergießen und im vorgeheizten Rohr (180°, Gas Stufe 4) 30 Minuten garen.

Inzwischen die Beeren mit den Gurkenwürfeln in einem Topf langsam erhitzen. Die Pfeilwurz mit ein wenig Wasser zu einer Paste vermischen. An die Beerensauce geben und gut verrühren. Unter Rühren eindicken lassen. Den Fisch abtropfen lassen und mit der Beerensauce servieren.
Für 4 Personen
Insgesamt 640 Kalorien
160 Kalorien pro Portion

Lammkoteletts in der Folie

4 Lammkoteletts, von allem Fett befreit
½ TL Senf
1 TL frischer, gehackter Thymian
einige Minzezweige zum Garnieren
Belag:
25 g Diät-Margarine
1 Zwiebel, in Ringe geschnitten
½ grüne Paprikaschote, geputzt und in Ringe geschnitten
1 TL Essig
2 TL Sojasaucc
100 g Ananas aus der Dose, abgetropft und gehackt
1 EL Mehl
7 EL Brühe
Salz
frisch gemahlener schwarzer Pfeffer

Je ein Kotelett auf ein Stück Alufolie geben, mit Senf einstreichen und mit dem Thymian bestreuen. Für den Belag die Margarine erhitzen und darin Zwiebel und Paprika weichdünsten. Die restlichen Zutaten dazugeben und aufkochen. Unter Rühren noch 2 bis 3 Minuten köcheln, dann den Belag auf die Koteletts geben.

Die Folie darüberklappen und fest verschließen. Im vorgeheizten Rohr (180°, Gas Stufe 4) 1 Stunde garen. Die Koteletts aus der Folie nehmen und mit Minzezweigen garniert servieren.

Für 4 Personen
Insgesamt 1100 Kalorien
275 Kalorien pro Portion

Bretonisches Lamm

150 g grüne Bohnenkerne, über Nacht eingeweicht, 1 Zwiebel, Salz
frisch gemahlener schwarzer Pfeffer
1 Gewürzsträußchen, 1,5 kg Lammkeule
1 Knoblauchzehe, in Stifte geschnitten
15 g Diät-Margarine, 1 kleine Zwiebel, gehackt
2 große Tomaten, enthäutet und gehackt

Die Bohnen abtropfen und mit der ganzen Zwiebel, Salz, Pfeffer und Gewürzsträußchen in einen Topf geben. Mit kaltem Wasser bedecken und langsam aufkochen. 1 Stunde köcheln lassen oder bis die Bohnen weich sind.

Die Lammkeule mit den Knoblauchstiften spicken und kräftig salzen und pfeffern. Mit der Hälfte der Margarine einreiben.

Auf einen Rost über eine Fettpfanne legen und im vorgeheizten Rohr (190°, Gas Stufe 5) braten. Für je 450 g Fleisch sind 20 Minuten zu rechnen, plus insgesamt 20 Minuten.

Bohnen und Zwiebel abtropfen lassen und warmhalten. Wenn das Fleisch gar ist, auf eine Servierplatte legen und warmhalten.

Die restliche Margarine erhitzen, die gehackte Zwiebel, Tomaten und gekochte Zwiebel dazugeben und weichdünsten. Mit Salz und Pfeffer abschmecken. 2 EL Bratensaft und die gekochten Bohnen hinzufügen und alles gut vermischen. Über das Fleisch geben und heiß servieren.

Für 4 Personen
Insgesamt 2415 Kalorien
604 Kalorien pro Portion

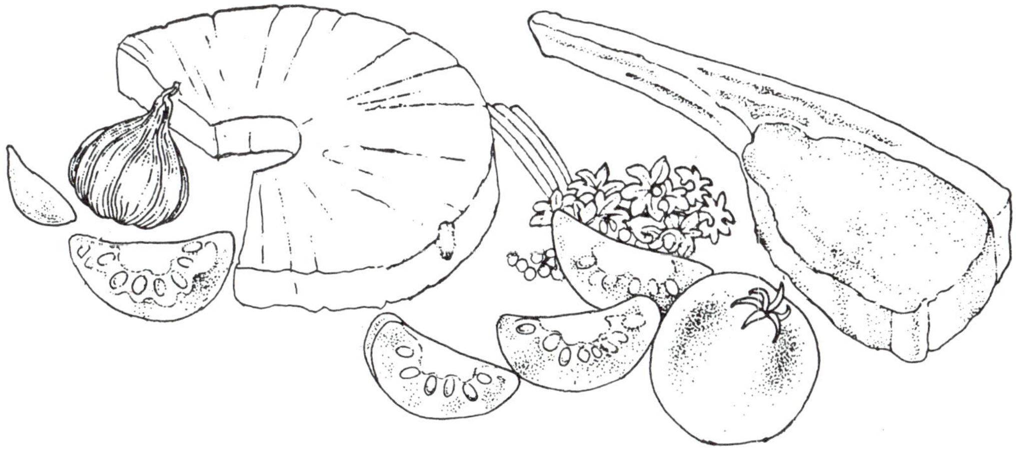

Hauptgerichte

Gefüllte Kalbsbrust

1 kg Kalbsbrust ohne Knochen
4 Eier, geschlagen
Salz
frisch gemahlener schwarzer Pfeffer
4 Scheiben magerer Schinken
1 bis 2 TL gehackter Estragon oder 1 TL getrockneter Estragon

Die Kalbsbrust flach ausbreiten und so viel Fett wie möglich abschneiden.

Die Eier salzen und pfeffern. Eine beschichtete Pfanne erhitzen und darin die Eier ohne Fett zu einem lockeren Omelett backen. Die Mitte sollte noch cremig sein und das Omelett nur von einer Seite gebacken werden.

Das Omelett mit der ungebackenen Seite auf die Kalbsbrust legen. Überstehendes Omelett abschneiden und obenauf legen.

Die Schinkenscheiben auf das Omelett legen. Überstehende Teile ebenfalls abschneiden und obenauf legen. Mit dem Estragon bestreuen.

Die Kalbsbrust einrollen und nach Bedarf mit Zwirn verschnüren. In eine Kasserolle legen.

Im vorgeheizten Rohr (200°, Gas Stufe 6) 1 ½ Stunden braten. Mehrmals wenden und häufig mit dem Bratenfond übergießen.

Heiß oder kalt servieren.

Für 4 Personen
Insgesamt 2080 Kalorien
260 Kalorien pro 100 g-Portion

Rosa Birnen (Seite 52)
Gefüllte Kalbsbrust

„Schlanke" Quiche

7 bis 10 Scheiben kalorienarmes Toastbrot
15 g Diät-Margarine
50 g Edamer, gerieben
2 Tomaten, in Scheiben geschnitten
½ TL getrockneter Majoran
2 Eier, geschlagen
300 ml Magermilch
Salz
frisch gemahlener schwarzer Pfeffer
3 Sardellenfilets, der Länge nach durchgeschnitten
6 schwarze Oliven
16 g geriebener Parmesankäse zum Servieren

Die Toastscheiben dünn mit der Margarine bestreichen und damit eine Springform (20 cm ∅) auskleiden. Die eingefetteten Seiten berühren dabei Boden und Wand der Form. Im vorgeheizten Rohr (200°, Gas Stufe 6) etwa 10 Minuten backen, bis das Brot knusprig und goldbraun ist.

Den Käse über das Brot streuen und die Tomatenscheiben in die Form schichten. Mit Majoran bestreuen. Die Eier mit der Milch verquirlen und pfeffern und salzen. Über den Käse und die Tomaten geben. Wieder ins Rohr geben und 15 Minuten backen. Herausnehmen und die Sardellenfilets und Oliven auf der Oberfläche zu einem Muster anordnen. Weitere 10 bis 15 Minuten backen, bis die Quiche fest ist.

Noch heiß mit Parmesankäse bestreuen und sofort servieren.

Für 4 bis 6 Personen
Insgesamt 805 Kalorien
201 bis 134 Kalorien pro Portion

Lamm mit Frucht-Minze-Sauce

4 Lammkoteletts, von allem Fett befreit
Salz
frisch gemahlener schwarzer Pfeffer
Sauce:
285 g Logan-Beeren aus der Dose, naturell
2 EL gehackte Minzeblätter
1 EL Cumberland Sauce
Salz
frisch gemahlener schwarzer Pfeffer

Die Lammkoteletts salzen und pfeffern und von jeder Seite 8 bis 9 Minuten grillen.

Die Beeren mit der Minze und der Cumberland Sauce erhitzen und mit Salz und Pfeffer abschmecken. Heiß zu den Koteletts servieren.
Für 4 Personen
Insgesamt 970 Kalorien
242 Kalorien pro Portion

Hühnchen-Curry-Topf

4 Hühnchenkeulen
1 große Zwiebel, in Scheiben geschnitten
2 Karotten, gewürfelt
2 große Tomaten, gehäutet und gehackt
225 g Apfel, geschält, entkernt und gehackt
600 ml kochende Hühnerbrühe
2 TL Currypulver
Salz
frisch gemahlener schwarzer Pfeffer
Zum Servieren:
gekochter Reis
frische Ananas
Tomatenscheiben
Magermilchjoghurt
Gurkenwürfel

Die Hühnchenkeulen mit Gemüsen und Apfel in eine feuerfeste Form geben. Brühe, Currypulver, Salz und Pfeffer hinzufügen.

Zudecken und im vorgeheizten Rohr (160°, Gas Stufe 3) 1 Stunde schmoren. Reis, Ananas, Tomaten und Joghurt mit Gurkenwürfeln dazu reichen.
Für 4 Personen
Insgesamt 560 Kalorien (ohne Beilagen)
140 Kalorien pro Portion (ohne Beilagen)

Geflügelsalat

225 g kalorienarmer Frischkäse
1 EL Zitronensaft
1 EL Currypulver
Salz
frisch gemahlener schwarzer Pfeffer
450 g kaltes, gekochtes Hühnerfleisch, gewürfelt
350 g gekochter Reis, mit Safran oder Kurkuma gefärbt
25 g geröstete Kokosraspeln
Zum Garnieren:
Zitronenviertel
Petersilien- oder Brunnenkressezweige

Den Frischkäse mit Zitronensaft und Currypulver verrühren. Mit Salz und Pfeffer abschmekken. Diese Sauce unter das Hühnerfleisch heben.

Auf einem Bett von gefärbtem Reis servieren. Mit den Kokosraspeln bestreuen und mit Zitronenvierteln und Kräuterzweigen garnieren.

Für dieses Gericht eignen sich auch gekochtes mageres Rind- oder Kalbfleisch.
Für 4 Personen
Insgesamt 1500 Kalorien
375 Kalorien pro Portion

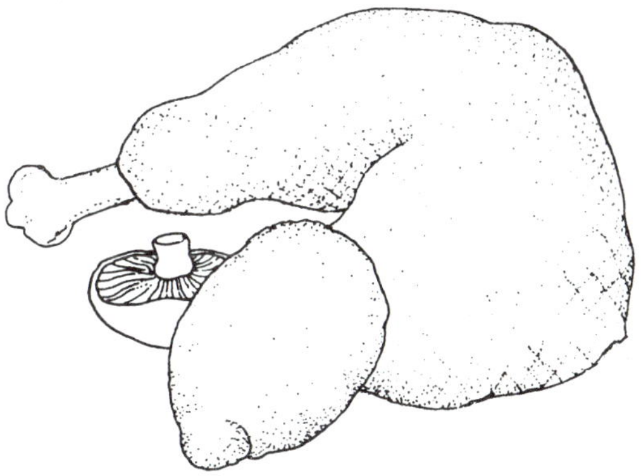

Gekochtes Huhn mit Estragon-Reis

1 Suppenhuhn, etwa 1,5 kg schwer
1 große Karotte
1 kleine, weiße Rübe
1 große Zwiebel
1 Gewürzsträußchen
frisch gemahlener schwarzer Pfeffer
Estragon-Reis:
100 g Langkornreis
1 rote Paprikaschote, geputzt und in Stücke geschnitten
Salz
1 EL Estragonessig
1 EL Pflanzenöl
frisch gemahlener schwarzer Pfeffer
2 TL gehackter Estragon oder 1 TL getrockneter Estragon

Das gewaschene Suppenhuhn mit Karotte, Zwiebel und Rübe in einen großen Topf geben. Gewürzsträußchen, Salz und Pfeffer hinzufügen. Mit kaltem Wasser bedecken und aufkochen. Zudecken und etwa 2 Stunden köcheln lassen. Ab und zu abschäumen.

Den Reis in Salzwasser etwa 12 bis 15 Minuten kochen.

Die Paprikastücke in kochendem Wasser etwa 1 Minute blanchieren. Den Reis abtropfen lassen und die Paprikastücke untermischen.

Den Estragonessig und Öl untermischen und mit Salz und Pfeffer abschmecken. In eine vorgewärmte Schüssel geben und mit dem gehackten Estragon bestreuen.

Die zarten Stücke von Brust und Schenkeln des Huhns lösen, in Scheiben schneiden und zu dem Reis servieren. Schmeckt auch kalt.
Für 4 Personen
Insgesamt 300 Kalorien bei 100 g pro Portion und 75 g Reis

Anmerkung: Suppenhühner sind von sehr unterschiedlicher Qualität. Wenn Sie keinen Qualitätsverlust hinnehmen möchten, greifen Sie zu Geflügelteilen oder Poularden. Die Garzeit ist dann geringer.

Hühnchen mit Backpflaumen-Apfel-Füllung

1 Hühnchen, etwa 1,5 kg schwer
Füllung:
175 g frische Brösel von Toastbrot
12 Backpflaumen, über Nacht eingeweicht, gehackt
2 große Äpfel, geschält und gewürfelt
geriebene Schale und Saft einer Zitrone
1 geschlagenes Ei
Magermilch, falls erforderlich
Salz
frisch gemahlener schwarzer Pfeffer

Für die Füllung Brotbrösel, Pflaumen, Äpfel und Zitronenschale vermischen. Ei und Zitronensaft dazugeben und gegebenenfalls etwas Milch hinzufügen. Salzen und pfeffern.

Mit dieser Mischung das gesäuberte Hühnchen füllen.

Das Hühnchen in eine passende Kasserolle geben, die 1 cm hoch mit Wasser bedeckt ist. Im vorgeheizten Rohr (200°, Gas Stufe 6) etwa 1 1/2 Stunden garen.
Für 4 Personen
Pro Portion 375 Kalorien (bei 75 g Fleisch ohne Haut und einem gehäuften TL Füllung)

Hühnchen mit Backpflaumen-Apfel-Füllung
Gekochtes Huhn mit Estragon-Reis
Zitronen-Hühnchen (Seite 32)

Würziger Hackbraten

450 g mageres Rinderhackfleisch
1 kleine Zwiebel, fein gehackt
50 g Brösel von kalorienarmem Toastbrot
1 EL gehackte Petersilie
175 g Tomaten aus der Dose, abgetropft
1 Ei, geschlagen
2 TL Worcestershire Sauce
½ TL Salz
frisch gemahlener schwarzer Pfeffer
Zum Garnieren:
Salatblätter
Tomatenscheiben

Alle Zutaten gut miteinander vermischen, zu einem Hackbraten formen und in eine leicht eingeölte, feuerfeste Form geben. Mit Folie bedecken und im vorgeheizten Rohr (180°, Gas Stufe 4) 1½ Stunden garen.

Heiß oder kalt servieren. Mit Salatblättern und Tomatenscheiben garnieren.
Für 4 bis 5 Personen
Insgesamt 975 Kalorien
244 bis 195 Kalorien pro Portion

Rindfleisch in Cidre

25 g Diät-Margarine
1 Zwiebel, in Scheiben geschnitten
3 Selleriestangen, in Scheiben geschnitten
1 Knoblauchzehe, zerdrückt
300 ml trockener Cidre
3 EL Obstessig
Salz
frisch gemahlener schwarzer Pfeffer
450 g Rindersteakfleisch, gewürfelt
150 ml kochende Fleischbrühe
12 schwarze Oliven, entsteint
100 g Champignons, geviertelt

Die Margarine in einem Topf erhitzen und darin Zwiebel, Sellerie und Knoblauch kräftig anschmoren. Cidre und Essig dazugeben, mit Salz und Pfeffer abschmecken und aufkochen. 5 Minuten köcheln lassen, dann über das Fleisch geben und 2 bis 3 Stunden marinieren.

Fleisch und Marinade in eine feuerfeste Form umfüllen. Brühe, Pilze und Oliven hinzufügen. Zugedeckt im vorgeheizten Rohr (180°, Gas Stufe 4) 1½ bis 2 Stunden schmoren.
Für 4 Personen
Insgesamt 1010 Kalorien
252 Kalorien pro Portion

Rindfleisch mit Ingwer und Mandeln

½ EL Pflanzenöl
50 g Mandeln, blanchiert
350 g mageres Rindfleisch, in dünne Streifen geschnitten
100 g Champignons, gehackt
25 g eingelegter Ingwer, in dünne Scheiben geschnitten
2 EL Speisestärke
120 ml Fleischbrühe
1 EL Sojasauce
Salz
frisch gemahlener schwarzer Pfeffer
225 g gekochter Reis als Beilage

Das Öl in einer beschichteten Pfanne erhitzen und darin Mandeln, Fleisch, Pilze und Ingwer etwa 5 Minuten anschmoren. Herausnehmen und warmstellen. Speisestärke mit Brühe und Sojasauce anrühren und in den Fleischfond einrühren, der in der Pfanne geblieben ist. Langsam unter Rühren erhitzen, bis die Sauce andickt. Die Fleischmischung wieder in die Pfanne geben, salzen und pfeffern. Noch einige Minuten köcheln lassen. Heiß mit dem gekochten Reis servieren.
Für 2 Personen
Insgesamt 1385 Kalorien
692 Kalorien pro Person

Schweinefleisch süß-sauer

4 TL Butter
2 Knoblauchzehen, zerdrückt
450 g gekochtes Schweinefleisch, gewürfelt
2 Karotten, in 1 cm lange Stücke geschnitten
½ Salatgurke, der Länge nach in Streifen geschnitten
1 Zwiebel, in grobe Stücke geschnitten
440 g Ananasstücke aus der Dose
2 TL Speisestärke
3 EL Sojasauce
3 EL Essig

Die Butter in einem Topf erhitzen und darin den Knoblauch 5 Minuten andünsten. Schweinefleisch, Karotten, Gurke und Zwiebel dazugeben. Die Ananasstücke grob hacken (den Saft aufbewahren) und hinzufügen. Alles 20 Minuten köcheln lassen. Die Speisestärke mit Ananassaft, Sojasauce und Essig vermischen. An das Fleisch geben und weitere 2 bis 3 Minuten köcheln lassen. Mit gekochtem Reis und geschmortem Gemüse servieren.
Für 4 Personen
Insgesamt 1430 Kalorien
358 Kalorien pro Portion

Schweinefleisch-Kebabs

450 g mageres Schweinefleisch, gewürfelt
2 kleine Zwiebeln, geviertelt
100 g Champignons
4 Lorbeerblätter
1 EL Pflanzenöl
gekochter Reis als Beilage
Sauce:
1 EL Diät-Margarine
1 Knoblauchzehe, zerdrückt
100 g Tomatenmark
2 EL Weinessig
2 EL Sojasauce
3 EL Zitronensaft
2 EL Worcestershire Sauce
10 Tropfen flüssiger Süßstoff

Schweinefleisch, Zwiebeln, Pilze und Lorbeerblätter auf Grillspieße stecken. Leicht einölen und 10 bis 15 Minuten grillen.

Für die Sauce die Margarine in einem kleinen Topf erhitzen und darin den Knoblauch andünsten. Die anderen Saucenzutaten dazugeben und unter Rühren aufkochen. Die Kebabs auf einem Reisbett mit der Sauce servieren.
Für 4 Personen
Insgesamt 1020 Kalorien (ohne Reis)
255 Kalorien pro Portion (ohne Reis)

Spinat-Pfannkuchen

100 g Weizenmehl
eine Prise Salz
1 Ei
300 ml Magermilch
15 g Diät-Margarine
Füllung und Belag:
225 g Hüttenkäse
150 ml Magermilchjoghurt
1 Ei
Salz
frisch gemahlener schwarzer Pfeffer
225 g Tiefkühlspinat, aufgetaut und abgetropft
25 g blättrig geschnittene Mandeln

Für den Pfannkuchenteig Mehl, Salz, Ei und die Hälfte der Milch in einer Schüssel gut verrühren. Dann den Rest der Milch zugeben. Der Teig kann auch in einem Mixer angerührt werden.

Ein wenig Margarine in einer beschichteten Pfanne erhitzen und so viel Teig hineingeben, daß der Boden knapp bedeckt ist. Den Pfannkuchen kurz von beiden Seiten goldgelb bakken. Herausnehmen und warmhalten. Auf diese Weise acht Pfannkuchen zubereiten.

Für die Füllung und den Belag Hüttenkäse, Joghurt, Ei, Salz und Pfeffer in einem Mixgerät oder von Hand in einer Schüssel gut vermischen. Diese Mischung halbieren und eine Hälfte mit dem Spinat vermengen. Die Spinatmischung auf die Pfannkuchen verteilen, diese aufrollen und in eine flache feuerfeste Form legen. Die restliche Hüttenkäsemischung darübergeben und mit den Mandeln bestreuen. Im vorgeheizten Rohr (190°, Gas Stufe 5) 20 Minuten überbacken.
Für 4 Personen
Insgesamt 1230 Kalorien
307 Kalorien pro Portion

Boeuf Stroganoff

150 ml Magermilchjoghurt
1 TL Dijon-Senf
Salz
frisch gemahlener schwarzer Pfeffer
2 große Zwiebeln, gehackt
etwa 150 ml Fleischbrühe
2 EL trockener Sherry
450 g Rinderlende, in hauchdünne Streifen geschnitten
100 g Pilze, in Scheiben geschnitten

Joghurt, Senf, Salz und Pfeffer verrühren und beiseitestellen.

Die Zwiebeln in einen Topf geben und mit so viel Brühe aufgießen, daß die Zwiebeln gerade bedeckt sind. Sherry hinzufügen und die Zwiebeln bei schwacher Hitze etwa 10 Minuten garen. Nach Bedarf Brühe nachgießen. Anschließend Pilze und Fleisch dazugeben und die Kochtemperatur erhöhen.

1 Minute unter Rühren kräftig aufkochen.

Vom Feuer nehmen und die Joghurtmischung unterrühren. Sofort servieren.

Für 4 Personen
Insgesamt 1200 Kalorien
300 Kalorien pro Portion

Gefüllte Rinderroulade

1 große Rinderroulade, etwa 750 g schwer
2 Scheiben altbackenes Weißbrot
50 g geriebener Parmesankäse
2 TL tiefgefrorene französische Kräutermischung oder 1 TL getrocknete Kräuter
50 g feingehackte Zwiebel
Salz
frisch gemahlener schwarzer Pfeffer
1 EL Worcestershire Sauce

Die Roulade so flach wie möglich klopfen.

Das Brot in Wasser einweichen, gut ausdrükken und in kleine Stücke zerteilen. Mit Käse, Kräutern, Zwiebeln, Salz und Pfeffer vermischen.

Die Roulade mit Worcestershire Sauce und Salz würzen. Die Füllung gleichmäßig auf die Roulade streichen.

Die Roulade einrollen, in Alufolie wickeln und im vorgeheizten Rohr (190°, Gas Stufe 5) 1 Stunde garen.

Kalt oder warm servieren.

Für 4 Personen
230 Kalorien pro 100 g-Portion

Nieren mit Pilzen

450 g Nieren (Schwein oder Lamm), geputzt
100 g gehackte Zwiebeln
300 ml Fleischbrühe
120 ml Sherry
Salz
frisch gemahlener schwarzer Pfeffer
225 g kleine Champignonköpfe

Die Nieren in mundgerechte Bissen schneiden und in einer beschichteten Pfanne bei Mittelhitze von allen Seiten 1 Minute anbraten.

In eine feuerfeste Form geben. Zwiebeln, Brühe, Sherry, Salz und Pfeffer hinzufügen und die Pilze untermischen.

Zugedeckt im vorgeheizten Rohr (200°, Gas Stufe 6) 40 Minuten garen oder bis die Nieren weich sind. Mit gekochtem Reis servieren.

Für 4 Personen
230 Kalorien pro 100 g-Portion

Boeuf Stroganoff
Nieren mit Pilzen
(Foto: Mushroom Grower's Association)

Zitronen-Hühnchen

1 Hühnchen, etwa 1,5 kg schwer
2 kleine weiße Rüben, geschält
2 Karotten, geschält
100 g gehackte Zwiebeln
abgeriebene Schale einer Zitrone
Salz
frisch gemahlener schwarzer Pfeffer
2 EL Zitronensaft
0,25 l Weinessig
flüssiger Süßstoff (nach Wunsch)
1 EL Speisestärke
Orangenscheiben zum Garnieren

Das Hühnchen in einen passenden Topf geben. Gemüse und Zitronenschale hinzufügen, salzen und pfeffern.

Mit Wasser bedecken und aufkochen. Zugedeckt etwa 2 Stunden köcheln lassen, ab und zu abschäumen.

Das Hühnchen herausnehmen, 300 ml Brühe in einen Topf geben. Zitronensaft, Essig und Süßstoff hinzufügen und etwa 5 Minuten köcheln lassen.

Die Speisestärke mit ein wenig der restlichen Brühe anrühren. An die Zitronenmischung geben und etwa 3 Minuten aufkochen, bis die Sauce andickt und klar wird.

Das Hühnerfleisch auslösen und auf eine vorgewärmte Platte geben. Mit der Sauce übergießen und kühlen. Mit Orangenscheiben garnieren. Die mitgekochten Gemüse oder einen grünen Salat dazu reichen.

Für 4 Personen
Insgesamt 1070 Kalorien
265 Kalorien pro Portion

Gefüllte Hühnerbrust

50 g Diät-Margarine
1 Knoblauchzehe, zerdrückt
1 EL gehackte Petersilie
1 EL frischer gehackter Majoran oder Thymian
Salz
frisch gemahlener schwarzer Pfeffer
4 Hühnerbrüste, enthäutet
100 g Räucherlachs (nach Wunsch)
2 EL Zitronensaft

Margarine, Kräuter, Knoblauch, Salz und Pfeffer vermischen. Eine Tasche in die Hühnerbrüste schneiden und die Kräutermischung in die Schlitze streichen. Den Lachs in vier Portionen teilen und ebenfalls in die „Taschen“ stecken. In eine feuerfeste Form legen und mit Zitronensaft besprenkeln. Die Form mit Alufolie verschließen und im vorgeheizten Rohr (190°, Gas Stufe 5) 30 Minuten garen. Warm oder kalt mit Gemüsen oder Salat servieren.

Für 4 Personen
Insgesamt 1030 Kalorien (ohne Lachs); 1190 (mit Lachs)
257 Kalorien pro Portion (ohne Lachs); 297 (mit Lachs)

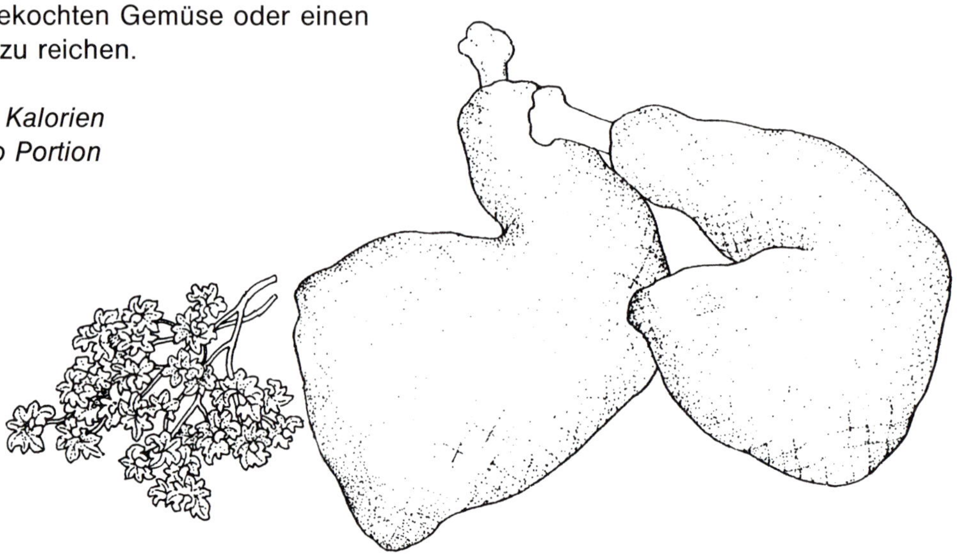

Leber mit Himbeeren

4 TL Diät-Margarine
1 kleine Zwiebel, fein gehackt
1 große Knoblauchzehe, zerdrückt
450 g Kalbsleber, in dünne Scheiben geschnitten
3 EL frische, gehackte Salbeiblätter
etwa 300 g Himbeeren aus der Dose, naturell
Salz
frisch gemahlener schwarzer Pfeffer
1 EL Zitronensaft

Die Margarine in einem Topf erhitzen und darin Zwiebel und Knoblauch etwa 5 Minuten andünsten. Die Leber dazugeben und weitere 5 Minuten unter einmaligem Wenden braten, bis die Leber angebräunt ist. Herausnehmen, auf eine vorgewärmte Servierplatte geben und warmhalten.

Salbei, Himbeersaft, Salz, Pfeffer und Zitronensaft in den Topf geben und stark aufkochen, bis die Sauce andickt. Himbeeren hinzufügen und alles über die Leber geben.

Für 4 Personen
Insgesamt 1100 Kalorien
275 Kalorien pro Portion

Chili con Carne

450 g mageres Rinderhackfleisch
1 kleine Zwiebel, in Ringe geschnitten
1 Knoblauchzehe, zerdrückt
1 bis 3 TL Chilipulver (nach Geschmack)
2 EL Tomatenmark
300 ml Fleischbrühe
440 g Kidney Bohnen aus der Dose, abgetropft
Salz
frisch gemahlener schwarzer Pfeffer

Hackfleisch, Zwiebel, Knoblauch, Chilipulver, Tomatenmark und Brühe in einen Topf geben und aufkochen.

Zudecken und etwa 1 Stunde köcheln lassen. Ab und zu abschäumen.

Die Bohnen hinzufügen und mit Salz und Pfeffer abschmecken. Weitere 10 Minuten köcheln lassen. Heiß mit einem grünen Salat servieren.

Für 4 Personen
Insgesamt 1200 Kalorien
305 Kalorien pro Portion

Canneloni mit Gemüsen

1 Zwiebel, fein gehackt
1 Stange Sellerie, fein gehackt
1 Karotte, fein gehackt
150 g Blumenkohl, fein gehackt
3 EL Tomatenmark
1 EL gehackte Petersilie
Salz
frisch gemahlener schwarzer Pfeffer
8 Canneloni-Röhrchen
Käsesauce:
4 EL Speisestärke
500 ml Magermilch
Salz
frisch gemahlener schwarzer Pfeffer
100 g kalorienarmer Hartkäse, gerieben

Zwiebel, Sellerie, Karotte und Blumenkohl in eine Schüssel geben. Tomatenmark und Petersilie hinzufügen, salzen und pfeffern. Mit dieser Mischung die Canneloni füllen.

Für die Sauce die Speisestärke mit ein wenig Milch anrühren. Die restliche Milch langsam erhitzen und die Stärkemischung unterrühren. Unter Rühren aufkochen und 2 bis 3 Minuten köcheln lassen, bis die Sauce andickt. Salz, Pfeffer und die Hälfte des Käses dazugeben. 3 EL Sauce auf dem Boden einer feuerfesten Form verstreichen. Die Canneloni in einer Schicht darauflegen und mit der restlichen Käsesauce übergießen.

Den restlichen Käse darüberstreuen und alles im vorgeheizten Rohr (180°, Gas Stufe 4) 45 bis 50 Minuten goldbraun backen. Heiß servieren und einen grünen Salat dazu reichen.

Für 4 Personen
Insgesamt 1570 Kalorien
392 Kalorien pro Portion

Gemüsegerichte und Salate

Lauch mit Orange

3 Scheiben durchwachsener Bauchspeck, gehackt
500 g Lauch, geputzt und in Stücke geschnitten
abgeriebene Schale und Saft einer Orange
1 EL frischer, gehackter Thymian oder 1 TL getrockneter Thymian
Salz
frisch gemahlener schwarzer Pfeffer

Den Speck in einer Pfanne anbraten und das Fett auslassen. Den Lauch dazugeben und unter Rühren 2 Minuten anschmoren.

Orangensaft und -schale mit 150 ml Wasser anrühren und mit Thymian, Salz und Pfeffer an den Lauch geben.

Aufkochen und 10 bis 15 Minuten köcheln lassen, bis der Lauch weich ist und fast alle Flüssigkeit verdampft ist. Ab und zu umrühren. Warm oder kalt servieren.

Für 4 Personen
Insgesamt 575 Kalorien
144 Kalorien pro Portion

Zucchini Niçoise

2 EL Diät-Margarine
1 Zwiebel, gehackt
1 Knoblauchzehe, zerdrückt
450 g Zucchini, in Scheiben geschnitten
225 g Tomaten, gehäutet und in Scheiben geschnitten
Salz
frisch gemahlener schwarzer Pfeffer
1 EL frisch gehackte Petersilie zum Garnieren

Die Margarine in einer Pfanne erhitzen und darin Zwiebel, Knoblauch und Zucchini hellbraun anbraten. Ab und zu umrühren. Die Tomaten, Salz und Pfeffer untermischen.

Zugedeckt 5 bis 10 Minuten köcheln lassen, bis die Zucchini gar und die Tomaten eingedickt sind. Ab und zu umrühren.

In eine Servierschüssel umfüllen und mit Petersilie garnieren.

Für 4 Personen
Insgesamt 205 Kalorien
51 Kalorien pro Portion

Lauch mit Orange
Zucchini Niçoise

Pikante Tomaten-Eier

1 große Zwiebel, gerieben
500 g Tomaten aus der Dose
2 Süßstoff-Tabletten, zerstoßen
1 TL Worcestershire Sauce
1 TL geriebene Orangenschale
Salz
frisch gemahlener schwarzer Pfeffer
8 hartgekochte Eier
450 g Blumenkohlröschen
1 EL gehackte Petersilie zum Garnieren

Alle Zutaten bis auf Eier, Blumenkohl und Petersilie in einem Topf erhitzen. Etwa 10 Minuten köcheln lassen, dabei die Tomaten zu einem Brei zerstampfen.

Den Blumenkohl in Salzwasser 5 bis 10 Minuten garen. Abtropfen lassen und in eine Servierschüssel geben. Die Eier halbieren und auf den Blumenkohl legen. Die heiße Sauce darübergießen und mit Petersilie bestreuen.

Für 4 Personen
Insgesamt 795 Kalorien
199 Kalorien pro Portion

Auberginen und Eier

4 Auberginen
2 EL Zitronensaft
225 Champignons
8 hartgekochte Eier, gehackt
Salz
frisch gemahlener schwarzer Pfeffer
150 ml Magermilch-Joghurt
1 Prise Paprikapulver

Die Auberginen der Länge nach halbieren und das Fleisch mit einem scharfen Messer einritzen. Mit Zitronensaft besprenkeln und die Schnittflächen mit Alufolie abdecken. Die Pilze in Alufolie einwickeln und zusammen mit den Auberginen im vorgeheizten Rohr (200°, Gas Stufe 6) backen, bis die Auberginen weich sind.

Abkühlen lassen und das Fruchtfleisch auslösen. Die Schalen aufheben. Fruchtfleisch mit Pilzen und Eiern vermischen und mit Salz und Pfeffer abschmecken. Diese Mischung zurück in die Auberginenhälften geben und den Joghurt darübergießen. Mit Folie abdecken und im Rohr weitere 15 Minuten durchwärmen. Vor dem Servieren mit Paprikapulver bestreuen. Einen grünen Salat dazu reichen.

Für 8 Personen
Insgesamt 860 Kalorien
108 Kalorien pro Portion

Pikanter Gemüsesalat mit Weizenkleie

1 Blumenkohl, in Röschen zerteilt
25 g Weizenkleie
1/4 TL Chilipulver
1/4 TL scharfer Senf
1 Prise Knoblauchsalz
25 g Diät-Margarine, geschmolzen
225 g junge, grüne Brechbohnen, gekocht und abgetropft
1 kleine Zwiebel, fein gehackt

Den Blumenkohl in kochendem Salzwasser blanchieren. Abtropfen und abkühlen lassen. Weizenkleie, Chilipulver, Senf und Knoblauchsalz miteinander vermischen. Die flüssige Margarine darübergeben und alles gut vermengen. Auf eine feuerfeste Platte streichen und im vorgeheizten Rohr (200°, Gas Stufe 6) 10 Minuten lang backen.

Inzwischen Blumenkohl, Bohnen und Zwiebeln in einer Salatschüssel vermischen. Die Weizenkleiemischung unterheben und servieren. nach Wunsch kann dieser Salat mit einer kalorienarmen Fertig-Salatsauce verfeinert werden.

Für 4 Personen
Insgesamt 320 Kalorien
80 Kalorien pro Portion

Salat „Hawaii“

1 Kopfsalat
2 Kiwis
4 Tomaten, geviertelt
50 g Salatgurke, gewürfelt
6 bis 8 Radieschen, geputzt
1 Orange, geschält und in Schnitze zerteilt
50 g Stangensellerie, gehackt
4 EL kalorienarme Salatsauce

Eine Servierplatte mit den Salatblättern auslegen. Eine Kiwi schälen, in Scheiben schneiden und in eine Salatschüssel geben. Mit den anderen Salatzutaten außer der zweiten Kiwi und der Sauce gut vermischen. Die Sauce darübergießen und alles gut vermischen. Auf dem Salatbett verteilen. Die zweite Kiwi schälen, in Scheiben schneiden und damit den Salat garnieren.
Für 4 Personen
Insgesamt 200 Kalorien
50 Kalorien pro Portion

Pilz-Apfel-Salat

2 Dessertäpfel, geschält, entkernt und gehackt
1 EL Zitronensaft
225 g Champignons, in Scheiben geschnitten
50 g Maiskörner aus der Dose
50 g Salatgurke, gewürfelt
100 g Stangensellerie, gehackt
25 g Rosinen
150 ml kalorienarme Mayonnaise
1 Kopf Römischer Salat

Die Äpfel in eine Schüssel geben und mit dem Zitronensaft begießen, damit sie nicht braun werden. Alle Zutaten außer Mayonnaise und Salat hinzufügen und gut miteinander vermischen. Die Mayonnaise unterrühren. Eine flache Schüssel mit den Salatblättern auslegen und den Pilz-Apfel-Salat hineingeben.
Für 4 Personen
Insgesamt 705 Kalorien
176 Kalorien pro Portion

Fenchel-Orange-Salat

1 Kopfsalat
1 große Fenchelknolle, geputzt und gehackt
3 Orangen, geschält und in Schnitze zerteilt
1 Bund Frühlingszwiebeln, gehackt
4 EL kalorienarme Salatsauce
1 TL Dijonsenf
Salz
frisch gemahlener schwarzer Pfeffer
50 g Emmentaler, in Streifen geschnitten, zum Garnieren

Die Salatblätter zerpflücken und mit Fenchel, Orangen und Zwiebeln in einer Salatschüssel vermischen. Die Salatsauce mit dem Senf vermischen. Mit Salz und Pfeffer abschmecken und über den Salat geben. Gut vermischen und mit den Käsestreifen garnieren.
Für 4 Personen
Insgesamt 500 Kalorien
125 Kalorien pro Portion

Chinakohl süß-sauer

½ TL Salz
2 TL Zucker
2 EL Weinessig
1 EL Sojasauce
1 EL Pflanzenöl
450 g Chinakohl, geschnitten

Salz, Zucker, Essig und Sojasauce in einer kleinen Schüssel verrühren. Das Öl in einer Pfanne oder in einer Wok erhitzen und darin den Chinakohl unter Rühren einige Minuten kräftig anschmoren. Die Würzmischung unterrühren. Noch einige Minuten köcheln lassen und sofort servieren.
Für 4 Personen
Insgesamt 215 Kalorien
54 Kalorien pro Portion

Sommersalat

½ Honigmelone
100 g Karotten, gerieben
100 g Edamer, in dünne Stifte geschnitten
¼ Salatgurke, gewürfelt
100 g Erdbeeren, in Scheiben geschnitten
2 bis 3 EL Zitronensaft

Das Melonenfleisch auslösen und grob hakken. In die Mitte einer flachen Servierschüssel geben. Karotten, Käse und Gurke in Kreisen um das Melonenfleisch arrangieren. Mit den Erdbeeren am Rand der Schüssel abschließen. Mit Zitronensaft besprenkeln.
Für 4 Personen
Insgesamt 480 Kalorien
120 Kalorien pro Portion

Römischer Salat mit Orangen

1 Kopf Römischer Salat
1 Strauß Brunnenkresse
3 kleine Orangen, geschält und in Scheiben geschnitten
25 g blättrig geschnittene Mandeln
1 Prise Zucker
1 EL gehackte Schalotten
Salz
frisch gemahlener schwarzer Pfeffer
1 EL Orangensaft
1 EL Zitronensaft
2 EL Olivenöl

Den Salat zerpflücken und mit den Blättern der Brunnenkresse in einer großen Schüssel vermischen. Die Orangenscheiben darauflegen und mit den Mandeln bestreuen. Schalotten und Zucker in einer kleinen Schüssel verrühren und mit Salz und Pfeffer abschmecken. Fruchtsäfte und Öl dazugeben und gut vermischen. Kurz vor dem Servieren über den Salat gießen.
Für 4 Personen
Insgesamt 560 Kalorien
140 Kalorien pro Portion

Fenchel mit Tomaten

4 kleine Fenchelknollen
ein wenig Pflanzenöl zum Schmoren
Salz
frisch gemahlener schwarzer Pfeffer
450 g Tomaten
3 EL gehackter Dill

Den Fenchel der Länge nach in dünne Scheiben schneiden. Eine beschichtete Pfanne mit ein wenig Pflanzenöl bestreichen. Den Fenchel hineingeben und unter Wenden dünsten. Kräftig salzen und pfeffern. Die Tomaten häuten und in Scheiben schneiden. Zu dem Fenchel geben und mitdünsten lassen. Ab und zu vorsichtig wenden, ohne die Tomaten zerfallen zu lassen. Wenn die Gemüse gar sind, den Dill darübergeben und alles in eine Servierschüssel umfüllen. Abkühlen lassen und servieren. Nicht in den Kühlschrank stellen.
Für 4 Personen
Insgesamt 125 Kalorien
31 Kalorien pro Portion

Rotkrautsalat mit Apfel

225 g Rotkraut, fein geschnitten
1 Dessertapfel, geschält, entkernt und gehackt
100 g Stangensellerie, gehackt
1 Zwiebel, gehackt
Salatsauce:
100 g kalorienarmer Frischkäse
1 EL Magermilch
Salz
frisch gemahlener schwarzer Pfeffer

Rotkraut, Apfel, Sellerie und Zwiebel in einer Salatschüssel vermischen. Die Zutaten für die Sauce verrühren, über den Salat geben und gut unterheben. Zudecken und im Kühlschrank kühlen. Kalt servieren.
Für 2 bis 4 Personen
Insgesamt 230 Kalorien
115 bis 230 Kalorien pro Person

Fenchel mit Tomaten

„Pommes Boulangères"

750 g Kartoffeln, geschält und in gleichmäßig dünne Scheiben geschnitten
1 große Zwiebel, in dünne Scheiben geschnitten
150 ml Magermilch
100 g kalorienarmer Frischkäse
Salz
frisch gemahlener schwarzer Pfeffer
1 Knoblauchzehe, zerdrückt

Kartoffel- und Zwiebelscheiben abwechselnd in eine flache, feuerfeste Form schichten. Mit einer Schicht Kartoffeln aufhören. Milch mit Frischkäse vermischen, mit Salz und Pfeffer kräftig abschmecken und den Knoblauch einrühren. Gleichmäßig über die Kartoffeln geben. Im vorgeheizten Rohr (180°, Gas Stufe 4) etwa 1 Stunde backen, bis die Oberfläche goldbraun und knusprig ist.
Für 4 Personen
Insgesamt 720 Kalorien
180 Kalorien pro Portion

Gurken-Fenchel-Salat

1 große Salatgurke
100 g Fenchel
2 EL fein gehackte Petersilie
1 kleine Zwiebel, in dünne Scheiben geschnitten
1 Paket Brunnenkresse
4 EL kalorienarme französische Salatsauce

Die Gurke gut waschen und ungeschält in dünne Scheiben schneiden. Den Fenchel waschen und reiben. Fenchel und Gurke mit den übrigen Zutaten in einer Schüssel leicht vermischen. Sofort servieren.
Für 4 Personen
Insgesamt 76 Kalorien
19 Kalorien pro Portion

Geschmortes Gemüse

1 EL Pflanzenöl
1 Zwiebel, in Scheiben geschnitten
3 Stangensellerie, in Scheiben geschnitten
½ grüne Paprikschote, geputzt und in dünne Stifte geschnitten
2 Karotten, in dünne Stifte geschnitten
½ Salatgurke, gehackt
225 g Mungbohnensprossen
1 EL Sojasauce
10 Tropfen flüssiger Süßstoff
2 EL Fleisch- oder Hühnerbrühe

Das Öl in einer großen Pfanne erhitzen. Zwiebel, Sellerie, Paprika und Karotten darin unter Rühren einige Minuten kräftig anbraten. Gurken und Bohnensprossen dazugeben und weitere 2 bis 3 Minuten unter Rühren schmoren. Sojasauce, Süßstoff und Brühe hinzufügen. Noch 2 Minuten durchwärmen. Sofort servieren.
Für 4 Personen
Insgesamt 300 Kalorien
75 Kalorien pro Portion

„Falsche" Pommes frites

750 g Kartoffeln, in der Schale gekocht
Salz

Die Kartoffeln abkühlen lassen und schälen. In Scheiben oder Stifte schneiden, auf einen Grillrost legen und bei starker Hitze unter dem Grill knusprig backen. Bei Bedarf wenden.
Für 4 Personen
Insgesamt 530 Kalorien
132 Kalorien pro Portion

Artischocken mit pikanter Sauce

2 Artischocken, geputzt
Sauce:
½ grüne Paprikaschote, geputzt und gewürfelt
1 Stange Sellerie, fein gehackt
1 EL fein gehackte Zwiebel
50 g Champignons, gehackt
½ Würfel Rinderbrühe, zerkrümelt
150 ml Tomatensaft
Salz
1 Prise Chilipulver

Die Artischocken in kochendem Salzwasser 35 bis 40 Minuten kochen. Sie sind gar, wenn sich die Blätter leicht abzupfen lassen. Abtropfen lassen und kühlstellen.

Für die Sauce alle Zutaten in einem Topf erhitzen. 10 Minuten köcheln lassen, ab und zu umrühren. In Portionsschüsselchen geben, in die die ausgezupften Artischockenblätter eingetaucht werden können.
Für 2 Personen
Insgesamt 85 Kalorien
42 Kalorien pro Portion

Gefüllte Paprika „Spezial"

4 grüne Paprikschoten
285 g Birnen aus der Dose, in Schnitzen
225 g gekochter Reis
285 g Krabben aus der Dose, naturell
Salz
frisch gemahlener schwarzer Pfeffer
4 TL Pflanzenöl

Die Paprikaschoten am Stengelansatz abschneiden und entkernen. Mit den Abschnitten etwa 5 Minuten in kochendem Salzwasser garen. Abtropfen lassen und nebeneinander in eine feuerfeste Form stellen.

Die Birnen abtropfen lassen und den Saft aufheben. Grob hacken und mit Reis und Krabben vermischen. Salzen und pfeffern und den Birnensaft unterrühren. Mit dieser Mischung die Paprikschoten füllen und die Abschnitte auflegen. Mit Öl bestreichen, mit Folie zudekken und im vorgeheizten Rohr (180°, Gas Stufe 4) 15 Minuten garen.
Für 4 Personen
Insgesamt 855 Kalorien
214 Kalorien pro Portion

Zucchini-Tomaten-Salat

225 g Zucchini, in Scheiben geschnitten, blanchiert und abgetropft
6 Tomaten, in Schnitze geschnitten
½ Zwiebel, fein gehackt
Sauce:
1 EL Weinessig
1 TL Zucker
¼ TL Dijonsenf
150 g Magermilchjoghurt
½ EL frisch gehackte Petersilie oder Dill zum Garnieren

Die Gemüse in eine Salatschüssel geben und gut vermischen.

Die Zutaten für die Salatsauce gut miteinander verrühren und über den Salat geben. Kühlstellen. Vor dem Servieren mit Petersilie oder Dill bestreuen.
Für 4 Personen
Insgesamt 190 Kalorien
48 Kalorien pro Portion

Kleine Gerichte und Dips

Gebackene Kartoffeln

Kartoffeln sind keine ausgesprochenen „Dickmacher“. Sie sind nahrhaft und wohlschmekkend und vielseitig in ihrer Zubereitung.

Falls Sie mehr als eine Kartoffel zubereiten, nehmen Sie Kartoffeln gleicher Größe.

Die ungeschälten Kartoffeln gründlich abbürsten und abtrocknen. Mit einer Gabel mehrmals einstechen. Auf ein Backblech legen oder in Alufolie wickeln. Im vorgeheizten Rohr (200°, Gas Stufe 6) 1 bis 1¼ Stunden garen (Messerprobe).

Insgesamt 100 Kalorien pro 100 g Kartoffeln.

Servieren Sie die gebackenen Kartoffeln mit einer der folgenden pikanten Füllungen.

Camembert-Füllung

50 g Camembert, 50 g Hüttenkäse
Salz
frisch gemahlener schwarzer Pfeffer

Den Camembert von seiner Rinde befreien und mit dem Hüttenkäse vermischen. Salzen und pfeffern.

Die gebackene Kartoffel halbieren, aushöhlen und das Innere mit der Käsemischung vermengen.

In die Kartoffelhälften füllen und unter einem vorgeheizten Grill etwa 2 Minuten überbacken. Mit Salat servieren.

230 Kalorien (ohne Kartoffel)

Gebackene Kartoffeln mit Hüttenkäse-Füllung, Camembert- und Blaukäse-Füllung

Blaukäse-Füllung

50 g Blaukäse (Roquefort, Stilton oder anderer), zerkrümelt
4 EL Magermilchjoghurt
Salz
frisch gemahlener schwarzer Pfeffer
Salatblätter zum Servieren

Den Käse mit dem Joghurt verrühren, salzen und pfeffern.

Die gebackene Kartoffel kreuzweise einschneiden und die Käse-Joghurt-Mischung hineingeben.

Im Rohr kurz durchwärmen. Auf Salatblättern servieren.

210 bis 300 Kalorien (ohne Kartoffel)

Hüttenkäse-Füllung

Für jede Kartoffel:
50 g Hüttenkäse
2 EL Tomatenmark
Salz
frisch gemahlener schwarzer Pfeffer

Den Hüttenkäse mit dem Tomatenmark verrühren, salzen und pfeffern.

Die gebackene Kartoffel halbieren, aushöhlen und das Innere mit der Käsemischung vermengen.

In die Kartoffelhälften füllen und im Rohr etwa 2 Minuten durchwärmen.

75 Kalorien (ohne Kartoffel)

Thunfisch-Fondue

½ Knoblauchzehe
1 TL Zitronensaft
300 ml trockener Weißwein
1 EL Speisestärke
400 g Edamer, gerieben
200 g Thunfisch aus der Dose, naturell, abgetropft und zerpflückt
frisch gemahlener schwarzer Pfeffer
eine Prise geriebene Muskatnuß

Einen schweren Topf oder ein Fonduegefäß mit der Knoblauchzehe kräftig ausreiben. Den Zitronensaft in den Topf geben und den Wein bis auf 2 EL hinzufügen. Aufkochen und die Hitze reduzieren. Inzwischen die Maisstärke mit 2 EL Wein anrühren.

Den Käse allmählich in den Wein einrühren. Rühren, bis der Käse fast geschmolzen ist. Die angerührte Speisestärke dazugeben. Zum Schluß Thunfisch, Pfeffer und Muskatnuß untermischen und gut durchwärmen.

Mit einer Auswahl verschiedener Brotsorten und roher Gemüse zum Dippen servieren.
Für 6 Personen
Insgesamt 1690 Kalorien
280 Kalorien pro Portion

Avocado-Dip

1 reife Avocado
1 TL Zitronensaft
einige Tropfen Angostura Bitter
100 g kalorienarmer Frischkäse
Salz
frisch gemahlener schwarzer Pfeffer
Zum Garnieren:
Zitronenschnitze oder -ringe
Paprikapulver

Die Avocado halbieren und entsteinen. Das Fruchfleisch auslösen und zerdrücken. Zitronensaft, Angostura, Käse, Salz und Pfeffer untermischen. Alles gut vermengen, in eine passende Schüssel füllen und mit Zitronenschnitzen und Paprikapulver garnieren.
Insgesamt 325 Kalorien

Hüttenkäse-Dip

225 g Hüttenkäse
1 rote Paprikaschote, geputzt und fein gehackt
1 grüner Dessertapfel, geschält und fein gehackt
50 g Nüsse und Rosinen („Studentenfutter")
einige Tropfen Tabasco Sauce
1 TL Zitronensaft
Salz
frisch gemahlener schwarzer Pfeffer
Crackers oder Knäckebrot zum Servieren
Paprikaringe zum Garnieren

Die Zutaten für den Dip anrühren. In die Mitte einer flachen Servierplatte geben. Die Crakkers oder Knäckebrotscheiben außen herumlegen. Mit Paprikaringen garnieren.
Insgesamt 585 Kalorien (ohne Brot)

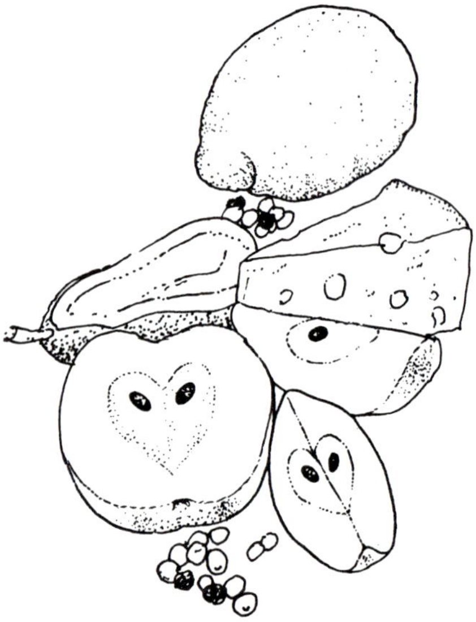

„Schlankes“ Fondue

1 Knoblauchzehe, zerdrückt
200 ml Magermilch
450 g kalorienarmer Edamer, gerieben
4 TL Speisestärke
Salz
frisch gemahlener schwarzer Pfeffer

Knoblauch und Milch in einen Topf geben und langsam erhitzen. Käse und Speisestärke vermischen und nach und nach in die Milch geben. Den Käse unter Rühren zum Schmelzen bringen. Mit Salz und Pfeffer abschmecken. Das Fondue warmhalten, aber nicht kochen lassen. Mit Stangensellerie, Karottenstreifen und Blumenkohlröschen zum Dippen servieren.
Für 4 Personen
Insgesamt 1550 Kalorien
388 Kalorien pro Portion

Auberginen-Dip

1 Aubergine
225 g kalorienarmer Frischkäse
6 bis 7 Frühlingszwiebeln, fein gehackt
2 TL fein gehackte Petersilie
Salz
frisch gemahlener schwarzer Pfeffer
Zum Garnieren:
einige gefüllte Oliven
eine saure Gurke, in Scheiben geschnitten

Die Aubergine mit einer Gabel mehrmals einstechen und im vorgeheizten Rohr (190°, Gas Stufe 5) 40 bis 50 Minuten weichschmoren. Abkühlen lassen.

Die Aubergine halbieren, das Fleisch auslösen und in eine Schüssel geben. Zerdrücken und mit Käse, Zwiebeln und Petersilie vermischen. Salzen und pfeffern. In eine Schüssel geben, mit Gurke und Oliven garnieren. Mit geröstetem Brot und rohen Gemüsen wie Karottenstreifen, Blumenkohlröschen, Selleriestangen etc. servieren.
Insgesamt 270 Kalorien
(ohne Brot und Gemüse)

Frischkäse-Dip

175 g Hüttenkäse
50 g kalorienarmer Frischkäse
½ TL Dijonsenf
eine Prise Knoblauchsalz

Hüttenkäse und Frischkäse gut miteinander vermischen. Senf und Knoblauchsalz unterrühren. In eine Schüssel geben und als Sauce oder Dip zu einer Rohkostplatte reichen.

Nach Geschmack kann der Dip statt mit Senf auch mit ½ TL Tomatenmark oder 1 TL Worcestershire Sauce gewürzt werden.
Für 2 Personen
Insgesamt 215 Kalorien
107 Kalorien pro Portion

Krabben-Dip

185 g Krabbenfleisch aus der Dose, naturell
100 g Stangensellerie, fein gehackt
2 hartgekochte Eier, fein gehackt
2 EL fein gehackte Zwiebel
200 ml kalorienarme Mayonnaise
eine Prise geriebene Muskatnuß
1 EL Zitronensaft
Salz
frisch gemahlener schwarzer Pfeffer
Zum Servieren:
Selleriestangen
Salatgurke
Paprikastreifen
Crackers

Das Krabbenfleisch abtropfen lassen und zerpflücken. In eine Schüssel geben und mit Sellerie, Eiern, Zwiebel und Mayonnaise vermischen. Muskat und Zitronensaft dazugeben, salzen und pfeffern. Die Schüssel auf eine große Servierplatte stellen und drumherum eine Rohkostplatte mit Selleriestangen, Gurkenscheiben und Paprikastreifen arrangieren. Crackers dazu reichen.
Insgesamt 875 Kalorien
(ohne Gemüse und Crackers)

Gefülltes Pittabrot

1 Pittabrot
1 TL Diät-Margarine
25 g Brechbohnen, in Stücken, gekocht
50 g Thunfisch aus der Dose, naturell, zerpflückt
25 g rote Paprika, gehackt
25 g grüne Paprika, gehackt
4 schwarze Oliven, entsteint
Salz
frisch gemahlener schwarzer Pfeffer

Das Pittabrot flach durchschneiden und mit der Margarine bestreichen. Die übrigen Zutaten vermischen, salzen und pfeffern und das Brot damit füllen (siehe Abbildung rechts). Gleich servieren.
Für 1 Person
Insgesamt 270 Kalorien

Krabben-Sandwiches

100 g Krabbenfleisch, gekocht und gehackt
2 EL kalorienarme Mayonnaise
1 TL gehackter Schnittlauch
4 Scheiben Vollkorntoast

Krabben und Mayonnaise in einer Schüssel vermischen. Den Schnittlauch unterheben.

Auf zwei Scheiben Vollkorntoast verteilen und mit zwei Scheiben bedecken. Diagonal durchschneiden.
Für 2 Personen
Insgesamt 520 Kalorien
130 Kalorien pro Person

Pikante Brote

2 Scheiben Pumpernickel oder Vollkornbrot, kalorienarm
15 g Diät-Margarine
Belag 1:
2 Scheiben mageres Roastbeef
2 gekochte Spargelspitzen
2 Scheiben gefüllte Oliven
Belag 2:
2 Scheiben gekochter Schinken
1/4 roter Dessertapfel, in Scheiben geschnitten
1/4 grüner Dessertapfel, in Scheiben geschnitten
Belag 3:
100 g Hüttenkäse
2 Aprikosenhälften (oder anderes Dosenobst)
Belag 4:
4 Scheiben gekochtes, kaltes Hühnerfleisch
1/2 kleine Avocado, geschält und in Scheiben geschnitten

Die Brotscheiben mit der Margarine bestreichen. Nach Geschmack belegen und garnieren.
Für 2 Personen

Belag 1
Insgesamt 270 Kalorien
135 Kalorien pro Portion

Belag 2
Insgesamt 285 Kalorien
143 Kalorien pro Portion

Belag 3
Insgesamt 290 Kalorien
145 Kalorien pro Portion

Belag 4
Insgesamt 425 Kalorien
212 Kalorien pro Portion

Krabben-Sandwiches
Gefülltes Pittabrot
Pikante Brote
(Foto: St Ivel Gold)

Eier-Pfännchen

4 Tomaten, geschält und gehackt
2 EL gehackter Schnittlauch
Salz
frisch gemahlener schwarzer Pfeffer
4 Eier
4 EL Diät-Margarine
1 EL gehackte Petersilie zum Garnieren

Die Tomaten auf vier Raclette- oder andere hitzebeständige Pfännchen verteilen. Schnittlauch darüberstreuen, salzen und pfeffern. Je ein Ei hineinschlagen und 1 TL Margarine darübergeben. Im vorgeheizten Rohr (220°, Gas Stufe 7) etwa 15 Minuten backen. Sofort servieren und mit Petersilie bestreuen.
Für 4 Personen
Insgesamt 535 Kalorien
134 Kalorien pro Portion

Cocktail-Spießchen

50 g geräucherter Lachs
3 Scheiben Vollkornbrot
15 g Diät-Margarine
½ Melone, entkernt und gewürfelt
Zitronenschnitze zum Garnieren

Den Lachs in 2 x 5 cm lange Streifen schneiden und aufrollen. Das Brot mit der Margarine bestreichen und in Quadrate schneiden. Lachsröllchen, Melonenwürfel und Brotstücke abwechselnd auf Spieße stecken. Mit Zitronenschnitzen garniert servieren.
Ergibt etwa 12 Spießchen
Insgesamt 415 Kalorien
35 Kalorien pro Portion

Schinken-Sandwiches

100 g gekochter Schinken, gehackt
1 TL Diät-Margarine
1 TL grobkörniger Senf
ein Spritzer Worcestershire Sauce
frisch gemahlener schwarzer Pfeffer
4 Scheiben Weißbrot
4 Scheiben Vollkornbrot

Schinken, Margarine, Senf und Worcestershire Sauce vermischen, salzen und pfeffern. Die Weißbrotscheiben damit bestreichen und je eine Scheibe Vollkornbrot darauflegen. Mit einem Messer die Sandwiches rund schneiden und in der Mitte einen Kreis von etwa 5 cm Durchmesser ausstechen. Das runde Brotstück umdrehen und wieder einpassen, so daß sich ein Farbkontrast ergibt.
Für 2 bis 4 Personen
Insgesamt 680 Kalorien
340 bis 170 Kalorien pro Portion

Hühnchen-Toast

100 g gekochtes, kaltes Hühnerfleisch, gewürfelt
100 g Maiskörner, gekocht
6 EL kalorienarme Mayonnaise
8 Scheiben Vollkornbrot
25 g Diät-Margarine

Hühnerfleisch, Maiskörner und Mayonnaise vermischen. Je zwei Brotscheiben mit der Margarine bestreichen. Eine Portion Fleischmischung auf eine bestrichene Scheibe geben, die zweite Brotscheibe darauflegen. In einem Kontaktgrill von beiden Seiten toasten. Heiß servieren.
Für 2 bis 4 Personen
Insgesamt 1245 Kalorien
622 bis 311 Kalorien pro Portion

„Schlanker" Imbiß

100 g Hüttenkäse
50 g Salatgurke, gehackt
50 g Stangensellerie, gehackt
50 g Karotten, gehackt
½ Dessertapfel, geschält und gehackt
einige Kapern
1 saure Gurke, gehackt
ein Spritzer Tabasco Sauce

Alle Zutaten miteinander vermischen und mit der Tabasco Sauce würzen. Mit Knäcke- oder Vollkornbrot servieren.
Für 1 Person
Insgesamt 160 Kalorien

Hüttenkäse mit Krabben und Spargel

450 g Hüttenkäse
225 g geschälte und gekochte Krabben
Salz
frisch gemahlener schwarzer Pfeffer
1 Salatgurke, geschält und gewürfelt
225 g Spargel aus der Dose, abgetropft und in Stücke geschnitten
Salatblätter zum Servieren

Hüttenkäse und Krabben in einer Schüssel vermischen. Pfeffern und salzen, dann Gurke und Spargel unterheben.

Mit den Salatblättern vier Portionsschüsseln auslegen und die Hüttenkäsemischung auf die Schüsseln verteilen. Sofort servieren.
Für 4 Personen
Insgesamt 520 Kalorien
130 Kalorien pro Portion

Nudelsalat

225 g Nudeln nach Wahl
225 g Hüttenkäse
100 g gekochter Schinken, gehackt
1 EL gehackte frische Kräuter
eine Prise Knoblauchsalz
frisch gemahlener schwarzer Pfeffer

Die Nudeln in Salzwasser weichkochen. Gut abtropfen und abkühlen lassen. Hüttenkäse, Schinken, Kräuter, Knoblauchsalz und Pfeffer verrühren und mit den Nudeln vermischen. Sofort servieren.

Anstelle des Schinkens können auch gekochte Krabben, kalter Braten, gekochtes Hühnerfleisch oder Thunfisch verwendet werden.
Für 4 Personen
Insgesamt 1245 Kalorien
311 Kalorien pro Portion

Käse-Tomaten-Toast

4 Scheiben Weißbrot
175 g geriebener Käse
4 EL Tomatenmark
4 kleine Tomaten, in Scheiben geschnitten

Die Brotscheiben unter einem vorgeheizten Grill von einer Seite rösten.

Käse und Tomatenmark auf die ungeröstete Seite der Brote streichen. Zurück unter den Grill geben und überbacken, bis der Käse Blasen wirft. Mit den Tomatenscheiben belegen und erneut überbacken, bis die Tomaten weich sind.
Für 4 Personen
Insgesamt 250 Kalorien
62 Kalorien pro Portion

Sugar-free
liquid
sweetener
Solution
40 ml 1.4 fl oz

Kalorienarme Desserts

Schaumomelett mit frischen Erdbeeren

2 Eier, getrennt
6 Tropfen flüssiger Süßstoff
2 EL Wasser
1 TL geschmolzene Butter
100 g Erdbeeren, halbiert
Zum Garnieren:
Minzezweige
Erdbeeren

Die Eigelb cremig rühren, Wasser und Süßstoff untermischen.

Die Eiweiß steifschlagen und unter die Eigelb heben.

Die Butter in einer beschichteten Pfanne erhitzen, so daß auch die Seiten gut eingefettet sind. Die Eimischung hineingeben.

Bei schwacher Hitze backen, bis die Unterseite goldbraun ist. Die Erdbeeren daraufgeben und das Omelett zusammenklappen.

Auf einen vorgewärmten Teller geben und sofort servieren. Mit einem Minzezweig und einigen Erdbeeren garnieren.
Für 1 Person
Insgesamt 180 Kalorien

Johannisbeercreme
Schaumomelett mit frischen Erdbeeren
(Foto: Sweetex)

Johannisbeercreme

450 g schwarze Johannisbeeren
150 ml ungesüßter Apfelsaft
2 EL Vanillesaucenpulver
300 ml Magermilch
40 Tropfen flüssiger Süßstoff
150 g Fruchtjoghurt, Johannisbeergeschmack
Zum Garnieren:
einige Johannisbeeren
Minzeblätter

Die Johannisbeeren mit dem Apfelsaft in einen Topf geben. 10 Minuten bei schwacher Hitze köcheln lassen.

Das Saucenpulver mit ein wenig Milch anrühren. Die übrige Milch erhitzen, vom Feuer nehmen und das angerührte Saucenpulver einrühren. Wieder auf den Herd stellen und unter Rühren aufkochen lassen. Zum Abkühlen in ein kaltes Wasserbad stellen. Mit feuchtem Pergamentpapier verschließen, damit sich keine Haut bildet.

Die Johannisbeeren in einem Mixer pürieren und durch ein Sieb streichen, um Schalen und Körner zu entfernen. Vanillesauce und Süßstoff einrühren. Den Joghurt einrühren und die Creme in vier Portionsschüsselchen geben. Kühlen. Mit Minzezweigen und ganzen Johannisbeeren garnieren.
Für 4 Personen
Insgesamt 500 Kalorien
125 Kalorien pro Portion

Rosa Birnen

4 große Birnen, geschält, entkernt und geviertelt
250 ml Orangensaft
120 ml Rotwein
20 bis 30 Kardamomsamen
flüssiger Süßstoff zum Abschmecken (nach Wunsch)

Die Birnen in eine Souffléform geben und mit Rotwein und Orangensaft begießen.

Die Kardamomsamen mit einem Löffelrücken zerdrücken und über die Birnen geben.

Im vorgeheizten Rohr (200°, Gas Stufe 6) etwa 30 Minuten dünsten, je nach Festigkeit der Birnen. Nach Wunsch süßen.

Warm oder gut gekühlt servieren. Naturjoghurt dazu reichen.

Für 4 Personen
Insgesamt 400 Kalorien
100 Kalorien pro Portion

Orangencreme

2 EL Orangensaft
4 TL Zitronensaft
4 TL Gelatinepulver
350 g Hüttenkäse
6 EL Buttermilch
flüssiger Süßstoff
1 Orange, in dünne Scheiben geschnitten, zum Garnieren

Orangen- und Zitronensaft in eine Schüssel gießen und das Gelatinepulver darüberstreuen. Über ein heißes Wasserbad stellen und die Gelatine unter Rühren auflösen.

Diese Mischung mit Hüttenkäse und Buttermilch in einem Mixer vermischen. Nach Wunsch süßen. In vier Dessertschüsselchen aufteilen und mit Orangenscheiben garnieren.

Für 4 Personen
Insgesamt 540 Kalorien
135 Kalorien pro Portion

Himbeer-Joghurt-Creme

600 ml Magermilchjoghurt
450 g tiefgefrorene Himbeeren, aufgetaut
3 bis 4 TL Süßstoff, pulverisiert

Einige Himbeeren beiseitelegen, den Rest zusammen mit dem Joghurt in einem Mixgerät pürieren. Den Süßstoff untermischen. Die Creme in vier Portionsschüsselchen füllen und mit ganzen Himbeeren garnieren.

Für 4 Personen
Insgesamt 420 Kalorien
105 Kalorien pro Portion

Johannisbeer-Minze-Auflauf

300 g schwarze Johannisbeeren aus der Dose, mit Saft
2 EL frische, gehackte Minzeblätter
100 g frische Weißbrotkrumen
1 EL Zucker
150 g Hüttenkäse
6 TL Kokosraspeln

Johannisbeeren und Minze in einen Topf geben und aufkochen. In eine feuerfeste Form füllen. Brotkrumen, Zucker, Hüttenkäse und Kokosraspeln vermischen und über die Johannisbeeren geben. Im vorgeheizten Rohr (200°, Gas Stufe 6) 20 Minuten goldbraun backen.

Für 4 Personen
Insgesamt 750 Kalorien
188 Kalorien pro Portion

Exotischer Fruchtsalat

1 große Ananas
75 g Datteln, entsteint und halbiert
75 g Erdbeeren, halbiert
2 Kiwi, geschält und in Scheiben geschnitten
50 g Trauben, halbiert und entkernt
1 EL Kirschwasser

Die Ananas der Länge nach halbieren. Das Fruchtfleisch bis auf einen kleinen Rand auslösen und in kleine Stücke schneiden. Die Ananashälften mit dem Obst füllen und mit dem Kirschwasser begießen. Vor dem Servieren 1 bis 2 Stunden kühlen.
Für 4 Personen
Insgesamt 380 Kalorien (ohne Kirschwasser; 410 Kalorien mit Kirschwasser)
95 Kalorien pro Portion

Aprikosen-Soufflé

225 g Aprikosen aus der Dose, mit Saft
2 Eier, getrennt
2 TL Süßstoff, pulverisiert
15 g Gelatinepulver
1 EL Zitronensaft
170 g Kondensmilch

Einige Aprikosen zum Garnieren beiseitelegen. Die restlichen Aprikosen in einem Mixer pürieren.

Dieses Püree mit den Eigelb in einen Topf geben und bei schwacher Hitze unter Rühren eindicken lassen. Vom Feuer nehmen und den Süßstoff einrühren. Die Gelatine darüberstreuen und unter Rühren auflösen. Mit Zitronensaft abschmecken und kühl stellen, bis die Masse fest wird.

Die Kondensmilch steifschlagen und unter die Aprikosenmischung heben. In vier Glasschüsselchen geben und kühlen. Mit Aprikosenscheiben garnieren.
Für 4 Personen
Insgesamt 600 Kalorien
150 Kalorien pro Portion

Grapefruit-Sorbet

540 g Grapefruitschnitze aus der Dose, mit Saft
25 g Honig
300 ml Wasser
fein geriebene Schale von 2 Zitronen
150 ml Zitronensaft
2 Eiweiß

Die Grapefruitschnitze durch ein Sieb passieren und den Saft zurückbehalten.

Wasser und Honig in einen Topf geben und aufkochen. 5 Minuten kochen lassen. Leicht abkühlen lassen, dann Grapefruitsaft, Zitronenschale und -saft einrühren. Abkühlen und in einen Eisbehälter umfüllen. Halb steif frieren lassen. Die Eiweiß steifschlagen. Das halbgefrorene Sorbet in eine Schüssel füllen, das Eiweiß unterziehen und erneut kühlen.
Für 6 bis 8 Personen
Insgesamt 325 Kalorien
54 bis 41 Kalorien pro Portion

Zitronen-Käsekuchen

75 g Löffelbisquits, zerkrümelt
25 g Diät-Margarine, geschmolzen
15 g Gelatinepulver
4 EL heißes Wasser
225 g Hüttenkäse, Magerstufe
150 g Magermilchjoghurt
2 EL Zitronensaft
35 Tropfen flüssiger Süßstoff

Die Bisquits mit der Margarine vermischen und damit den Boden einer Springform (15 cm ∅) auskleiden. Gut festdrücken.

Das Gelatinepulver auf das heiße Wasser streuen und unter Rühren auflösen. Hüttenkäse, Joghurt, Zitronensaft und Süßstoff vermischen und die Gelatine unterrühren. Die Mischung in die Springform gießen und im Kühlschrank fest werden lassen.
Für 8 Personen
Insgesamt 1190 Kalorien
149 Kalorien pro Portion

Erdbeer-Fruchteis

450 g frische Erdbeeren
300 ml kalorienarme Limonade
36 Tropfen flüssiger Süßstoff
1 Eiweiß, geschlagen

Die Erdbeeren in einem Mixer pürieren oder durch ein Sieb streichen. Mit Limonade und Süßstoff vermischen und in einen Eisbehälter füllen.

Im Gefrierschrank halb fest werden lassen. In eine Schüssel füllen, das Eiweiß unterziehen und wieder einfrieren, bis das Eis fest ist.
Für 6 Personen
Insgesamt 150 Kalorien
37 bis 25 Kalorien pro Portion

Stachelbeercreme

450 g Stachelbeeren, gekocht und püriert
70 Tropfen flüssiger Süßstoff
150 ml Magermilchjoghurt
150 ml Magermilch
1 Ei, leicht verschlagen

Stachelbeeren mit Joghurt und Süßstoff vermischen. Milch und Ei in eine Schüssel geben. In ein heißes Wasserbad stellen und rühren, bis die Milch cremig wird. Die Stachelbeermischung unterziehen, in eine Servierschüssel umfüllen und fest werden lassen.
Für 4 Personen
Insgesamt 300 Kalorien
75 Kalorien pro Portion

Logan-Beeren-Meringue

Boden:
4 Eiweiß
250 g Zucker
einige Tropfen Vanille-Essenz
Füllung:
750 g Logan-Beeren oder Himbeeren

Eiweiß und Zucker in eine feuerfeste Schüssel geben. In ein heißes Wasserbad stellen und etwa 10 Minuten schlagen, bis die Masse dick wird. Mit Vanille-Essenz abschmecken. In einen Spritzbeutel mit sternförmiger Öffnung (1 cm ∅) füllen. Ein Backblech mit Pergamentpapier auslegen und einen Kreis von 20 cm ∅ spritzen. Anschließend einen Rand spritzen.

Bei schwacher Hitze (140°, Gas Stufe 1) 50 Minuten backen, bis der Schaum fest geworden ist. Abkühlen lassen und das Papier abziehen. Kurz vor dem Servieren mit den Beeren füllen.
Für 8 Personen
Insgesamt 1120 Kalorien
140 Kalorien pro Portion

Logan-Beeren-Meringue

Orangen-Überraschung

4 Orangen
1 Banane
1 Dessertapfel
1 TL Süßstoff, pulverisiert

Vom Boden der Orangen eine flache Scheibe abschneiden, daß die Orangen stehen bleiben. Einen Deckel abschneiden, das Fruchtfleisch auslösen und grob hacken. Alle weißen Teile entfernen. Banane und Apfel feinhacken und mit dem Orangenfleisch vermischen. Süßen und in die ausgehöhlten Orangen füllen. Gut gekühlt servieren.
Für 4 Personen
Insgesamt 370 Kalorien
93 Kalorien pro Portion

„Schlankes" Apfel-Orangen-Dessert

450 g Kochäpfel, geschält, entkernt und gehackt
Saft einer großen Orange
einige Tropfen flüssiger Süßstoff
150 ml Magermilchjoghurt
3 EL Cornflakes

Äpfel und Orangensaft in einen Topf geben und süßen. Den Apfel bei kleiner Hitze weichkochen, die Stücke sollten aber nicht zerfallen. Abkühlen lassen und in 4 Portionsschüsselchen füllen. Mit Joghurt garnieren und den Cornflakes bestreuen.
Für 4 Personen
Insgesamt 300 Kalorien
75 Kalorien pro Portion

Bananen „Jamaica"

4 kleine Bananen
2 TL Zitronensaft
25 g Diät-Margarine
abgeriebene Schale und Saft einer Orange
eine Prise gemahlener Zimt
2 TL Rum oder einige Tropfen Rum-Essenz
einige Tropfen flüssiger Süßstoff
25 g blättrig geschnittene Mandeln

Die Bananen schälen und mit Zitronensaft besprenkeln. Die Margarine in einer Pfanne erhitzen und die Bananen von beiden Seiten goldbraun braten. Auf eine Servierplatte geben und warmstellen.

Orangenschale und -saft, Zimt, Rum und Süßstoff in die Pfanne geben und erhitzen. Einige Minuten köcheln lassen, dann über die Bananen geben. Mit den Mandelblättchen bestreuen und sofort servieren.
Für 4 Personen
Insgesamt 515 Kalorien
129 Kalorien pro Portion

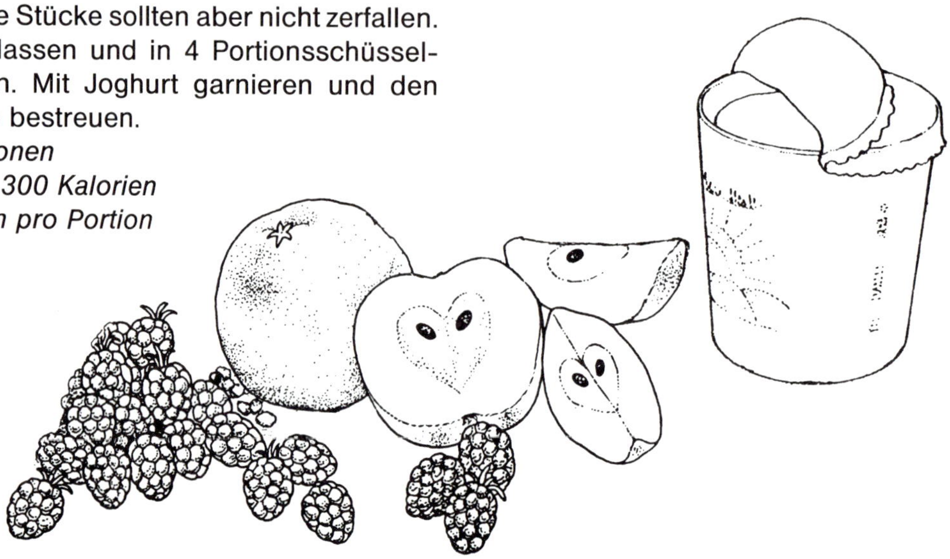

Backäpfel mit Brombeeren

4 große Kochäpfel, geschält
4 Scheiben Weißbrot, kalorienarm, zerkrümelt
abgeriebene Schale und Saft einer Orange
eine Prise gemahlener Zimt
100 g Brombeeren
einige Tropfen flüssiger Süßstoff

Die Äpfel von ihrem Kerngehäuse befreien, aber ganz lassen. Jeden Apfel auf ein Stück Alufolie stellen. Die übrigen Zutaten vermischen, süßen und diese Mischung in die Äpfel füllen. Jeden Apfel in Folie einwickeln und in eine feuerfeste Form stellen.

Im vorgeheizten Rohr (190°, Gas Stufe 5) 30 bis 40 Minuten backen.

Für 4 Personen
Insgesamt 550 Kalorien
137 Kalorien pro Portion

Apfel-Auflauf

150 ml Magermilch
2 Eigelb
100 g Semmelbrösel
3 Tropfen flüssiger Süßstoff
450 g gekochte Äpfel oder Birnen
Belag:
2 Eiweiß
2 Tropfen flüssiger Süßstoff

Die Milch lauwarm erhitzen, Eigelb, Semmelbrösel und Süßstoff dazugeben. Gut vermischen und in eine feuerfeste Form füllen. Im vorgeheizten Rohr (180°, Gas Stufe 4) etwa 30 Minuten backen, bis die Mischung fest ist. Mit den Äpfeln oder Birnen bedecken.

Für den Belag die Eiweiß steifschlagen und den Süßstoff untermischen. Auf die Äpfel geben und wieder ins Rohr stellen. Backen, bis das Eiweiß fest geworden ist. Sofort servieren.

Für 4 Personen
Insgesamt 650 Kalorien
163 Kalorien pro Portion

Schneller Schokoladenpudding

50 g Reismehl
25 g Kakaopulver
einige Tropfen flüssiger Süßstoff
600 ml Magermilch

Reismehl, Kakao, Süßstoff und 250 ml Milch zu einer weichen Creme verrühren. Die restliche Milch aufkochen und über die Reis-Kakao-Mischung geben. Gut verrühren und zurück in den Topf gießen. Noch 3 bis 4 Minuten erhitzen und unter Rühren eindicken lassen. Warm servieren.

Für 4 Personen
Insgesamt 490 Kalorien
122 Kalorien pro Portion

Pawlowa

3 Eiweiß
1 EL Weinschaumcreme
3 EL Magermilchpulver
flüssiger Süßstoff
450 g weiches Obst wie Erdbeeren, Trauben, Kiwi etc.

Eiweiß mit Weinschaumcreme steifschlagen. Milchpulver und Süßstoff (nach Geschmack) unterheben.

Ein Backblech mit Folie auslegen und leicht einölen. Die Mischung auf die Folie geben und zu einem Kreis formen.

Im vorgeheizten Rohr bei schwacher Hitze (150°, Gas Stufe 2) etwa 30 Minuten backen. Abkühlen lassen und vorsichtig abheben.

Die Meringue mit Obst belegen und sofort servieren.

95 Kalorien (ohne Obst)

Sparkling
Natural
1 Litre

Kalorienarme Getränke

Vitamin-Drink

2 EL ungesüßter Orangensaft
1 EL Zitronensaft
2 EL ungesüßter Grapefruitsaft
2 EL ungesüßter Anananssaft
1 Eiweiß
Eis
Zum Garnieren:
Anananscheibe
Cocktailkirsche

Alle Zutaten in einen elektrischen oder Handmixer geben und gut vermischen.

In ein Sektglas füllen und mit Ananasscheibe und Cocktailkirsche garnieren.

Für 1 Person
Insgesamt 46 Kalorien

Vitamin-Drink, Kühler Becher, Frischer Becher (Foto: Ashbourne Natural Water and Libby's „C“ Drinks)

Kühler Becher

4 EL schwarzer Johannisbeer-Sirup
350 ml trockener Weißwein, gekühlt
600 ml kohlensäurehaltiges Mineralwasser
zerstoßenes Eis
Minzezweige

Den Sirup in einen großen Krug geben. Wein, Mineralwasser, Eis und Minzezweige hinzufügen.

In gekühlten Gläsern sofort servieren.

Für 8 Personen
Insgesamt 455 Kalorien
57 Kalorien pro Glas

Frischer Becher

250 ml Zitronensaft
450 ml ungesüßter Grapefruitsaft
900 ml ungesüßter Apfelsaft
Grenadine (nach Wunsch)
Zum Garnieren:
Apfelscheiben
Minzezweige

Zitronen-, Grapefruit- und Apfelsaft in einem Krug verrühren. Zwei Spritzer Grenadine dazugeben (nach Wunsch).

In hohen Gläsern servieren und mit Apfelscheiben und Minzezweigen garnieren.

Für 4 Personen
Insgesamt 140 Kalorien
35 Kalorien pro Glas

Frische Limonade

abgeriebene Schale und Saft von 4 Zitronen
ein paar Tropfen flüssiger Süßstoff oder
1 Süßstoff-Tablette, zerdrückt
900 ml kochendes Wasser
Zum Servieren:
Eiswürfel
Zitronenscheiben
1 Minzezweig

Zitronenschale mit Süßstoff in einen großen Krug geben und mit dem kochenden Wasser übergießen. Abkühlen lassen. Den Zitronensaft dazugeben und bis zum Servieren kühlen.

Zum Servieren durch ein Sieb in einen großen Glaskrug gießen. Eiswürfel dazugeben und mit Zitronenscheiben und Minze garnieren.

Für 4 bis 6 Personen
Insgesamt 10 Kalorien

Honig-Grapefruit-Drink

540 Grapefruitschnitze aus der Dose, mit Saft
3 EL Weizenkeime
4 bis 5 EL Honig
150 ml Magermilch
2 Kugeln kalorienarmes Speiseeis

Grapefruit samt Saft, Weizenkeime und Honig in einem Mixgerät zu einer weichen Creme verarbeiten. 10 Minuten ruhenlassen, damit die Weizenkeime aufquellen können. Die Milch dazugeben und erneut schlagen, bis die Mischung schaumig wird. In Gläser füllen und mit einer Kugel Eis garnieren.

Soll das Getränk kalorienarmer sein, ersetzen Sie den Honig durch Süßstoff.

Für 2 Personen
Insgesamt 455 Kalorien
227 Kalorien pro Glas

„Planter's Punch“

600 ml Eistee
600 ml Orangensaft
150 ml Zitronensaft
ein Spritzer Rum (nach Wunsch)
Apfel-, Zitronen- und Orangenscheiben zum Garnieren

Alle Zutaten außer den Obstscheiben vermischen. In hohe Gläser geben und mit den Obstscheiben garnieren.

Für 4 bis 6 Personen
Insgesamt 220 Kalorien
55 bis 36 Kalorien pro Glas

Tonic-Drink

1 l kalorienarmes Tonicwasser
ein paar Tropfen Angostura Bitter
Eiswürfel

Das Tonicwasser in vier Gläser gießen und jeweils ein paar Tropfen Angostura Bitter hineingeben.

Eiswürfel hinzufügen und servieren.

Für 4 Personen
Insgesamt 40 Kalorien
10 Kalorien pro Glas

Geeister Kaffee

1 l starker, schwarzer Kaffee
ein paar Tropfen flüssiger Süßstoff (nach Wunsch)
zerstoßenes Eis
1 Kugel kalorienarmes Speiseeis

Den Kaffee nach Wunsch süßen und im Kühlschrank stark abkühlen lassen. Vor dem Servieren gestoßenes Eis in Gläser füllen und den Kaffee darübergießen. Je 1 Kugel Eis dazugeben.

Für 6 Personen
Insgesamt 30 Kalorien pro Kugel Eis
30 Kalorien pro Glas

Kräutertee

1 Kanne frisch aufgebrühter, heißer Tee
ein paar Zweige Minze, Salbei oder Kamille
flüssiger Süßstoff (nach Wunsch)

Den Tee über einen Kräuterzweig in ein feuerfestes Teeglas gießen. Vor dem Servieren einige Minuten ziehenlassen.
Keine Kalorien

Ananas-Drink

440 g Ananas aus der Dose, samt Saft
150 ml Magermilchjoghurt
4 EL Hagebuttenmark
300 ml Magermilch

Ananas samt Saft, Joghurt und Hagebuttenmark in einem Mixer gut vermischen. Die Milch dazugeben und mixen, bis das Getränk schaumig wird. In Gläser geben und servieren.
Für 4 Personen
Insgesamt 610 Kalorien
152 Kalorien pro Portion

Winter-Drink

300 ml Magermilch
1 TL Kakao- oder Kaffeepulver
ein paar Tropfen Rum-Essenz (Rum-Aroma)
flüssiger Süßstoff

Die Milch bis auf 2 TL in einem kleinen Topf aufkochen. Kakao- oder Kaffeepulver mit 2 EL Milch in einem Krug verrühren. Die kochende Milch dazugießen und süßen.

Ein wärmender Drink für kalte Tage.
Für 1 Person
Insgesamt 110 Kalorien (Kakaopulver);
100 Kalorien (Kaffeepulver)

Tomaten-Drink

425 g Tomaten aus der Dose
50 g Edamer, gerieben
½ Zwiebel, gehackt
1 Stange Sellerie, gehackt
½ grüne Paprikaschote, geputzt und gehackt
Salz
frisch gemahlener schwarzer Pfeffer

Alle Zutaten in einem Mixer gut vermischen. Etwa 1 Minute pürieren, bis das Getränk schaumig wird. Salzen und pfeffern. Nach Bedarf mit Wasser verdünnen.
Für 6 Personen
Insgesamt 260 Kalorien
43 Kalorien pro Glas

„Falscher" Whisky

1 l Ginger Ale, kalorienarm
4 EL Zitronensaft, kalorienarm
Eiswürfel

Ginger Ale in 4 Gläser gießen und je 1 EL Zitronensaft einrühren.

Eiswürfel dazugeben und servieren.
Für 4 Personen
5 Kalorien pro Glas

Karibischer Drink

250 ml ungesüßter Orangensaft
250 ml ungesüßter Ananassaft
Eiswürfel
Mineralwasser

Orangen- und Ananassaft zu gleichen Teilen in 4 Gläser gießen, so daß sie zur Hälfte gefüllt sind.

Eis dazugeben und mit Mineralwasser auffüllen.
Für 4 Personen
40 Kalorien pro Glas

Apfel-Aperitif

600 ml geeister Tee
600 ml klarer Apfelsaft
150 ml Zitronensaft
flüssiger Süßstoff
Apfelscheiben zum Garnieren

Tee, Apfel- und Zitronensaft vermischen und nach Wunsch süßen. Gut gekühlt servieren und mit Apfelscheiben garnieren.
Für 10 Personen
Insgesamt 225 Kalorien
22 Kalorien pro Glas

Tropischer Frucht-Drink

300 ml Passionsfrucht-Saft oder ein anderer „tropischer" Fruchtsaft
4 EL Zitronensaft
300 ml kohlensäurehaltiges Mineralwasser
1 Schuß Rum
1 Schuß Angostura Bitter
zerstoßenes Eis
Zum Garnieren:
Obstscheiben
Minzezweige
4 Cocktailkirschen

Alle Zutaten gut vermischen und kühlen. In hohen Gläsern servieren und mit Obst, Minzezweigen und Cocktailkirschen garnieren.
Für 4 Personen
Insgesamt 170 Kalorien
42 Kalorien pro Glas

Gewürzter Kaffee

1 l frisch aufgebrühter Kaffee
abgeriebene Schale einer Orange
1 Prise Muskatpulver
flüssiger Süßstoff
Eiswürfel zum Servieren

Den Kaffee mit der Orangenschale und dem Muskatpulver vermischen und süßen. Durchziehen lassen und kühlen. Durch ein Sieb abgießen und in hohen Gläsern mit Eiswürfeln servieren.
Für 6 Personen
Keine Kalorien

Schoko-Mandarinen-Drink

300 g Mandarinenschnitze aus der Dose, samt Saft
150 ml Magermilchjoghurt
2 Eier
2 TL Trinkschokoladenpulver

Alle Zutaten in einem Mixer vermischen, bis das Getränk schaumig ist. In Gläser geben und sofort servieren.
Für 4 Personen
Insgesamt 400 Kalorien
100 Kalorien pro Glas

Register

Die Herausgeber danken folgenden Fotografen für ihre freundliche Unterstützung: Bryce Attwell: 11; Rex Bamber: 2, 3; Melvin Grey: 6, 39; Robert Golden: 22, 27, 42, 55; Gina Harris: 14, 34; Verner Morgan: 19; Grant Symon: 31, 50, 58.
Illustrationen von Lindsay Blow.